William Shakespeare

LA DOMA DE LA FURIA
EL MERCADER DE VENECIA

CLÁSICOS UNIVERSALES PLANETA

Dirección:
GABRIEL OLIVER
catedrático de la Universidad de Barcelona

William Shakespeare

LA DOMA DE LA FURIA
EL MERCADER DE VENECIA

Introducción, traducción y notas de
JOSÉ MARÍA VALVERDE
catedrático de la Universidad de Barcelona

Planeta

Córcega, 273-277, Barcelona-8 (España)
Diseño colección y cubierta de Hans Romberg (realización de Jordi Royo)
Ilustración cubierta: grabado de Martin Droeshout, 1623 (foto Staatsbibliotek, Berlín)
Primera edición en Clásicos Universales Planeta: febrero de 1982
Depósito legal: B. 2161 - 1982
ISBN 84-320-3864-4
Printed in Spain - Impreso en España
«Duplex, S. A.», Ciudad de la Asunción, 26-D, Barcelona-30

SUMARIO

INTRODUCCIÓN

LAS *afinidades por las que vamos emparejando las obras de Shakespeare en esta colección —afinidades, según confiamos, de sobra evidentes aun cuando no siempre bien explicables—, en el caso del presente volumen, con* La doma de la furia *y* El mercader de Venecia, *se enriquecen con un elemento de contraste muy viable para la mentalidad actual, tan sensibilizada por el movimiento feminista: el contraste entre el machismo de* La doma *y el triunfo de la mujer, Porcia, en el* Mercader, *como inteligente organizadora del feliz desenlace, dejando en ridículo, con cariño pero inexorablemente, a su marido y al marido de su confidente Nerisa. Pero, apenas anticipado este peculiar elemento de enlace entre las dos comedias aquí ofrecidas, conviene que las presentemos por separado.*

Se nos permitirá que insistamos en algo ya dicho en otros volúmenes shakespearianos publicados en esta colección: para leer La doma de la furia *(tradicionalmente conocida por* La fierecilla domada, *lo cual no es tan fiel a* The taming of the shrew, *donde el sentido de «furia», «arpía», desplaza casi por completo el sentido de* shrew *como «musaraña», roedor feroz pero demasiado pequeño para servir de metáfora aquí: ¿«la musaraña domada»?), igual que para leer el resto del teatro shakespeariano, no hay que olvidar que se trata, precisamente, de* teatro, *y no de* libro, *y que hemos de ir montando y escuchando en nuestra imaginación el espectáculo que las páginas ofrecen pálidamente sugerido, porque todo se orienta hacia el efecto escénico. Entonces, hay que empezar por señalar que esta obra tiene un marco de «teatro dentro del teatro», no en el limitado sentido en que lo había en* Hamlet, *donde una compañía de actores representa un pequeño drama compuesto rápidamente por el propio príncipe para poner en evidencia el asesinato de su padre, sino en un sentido total:* La doma *aparece como una comedia representada para un espectador que está allí mismo, en un lado del escenario, el calderero Sly, a quien se ha hecho despertar de una borrachera haciéndole creer que es un gran señor a quien se ofrece tal espectáculo. Imposible no recordar el caso de Segismundo en* La vida es sueño, *pero aquí no se trata de plantear, como en la obra de Calderón, la cuestión de la realidad o irrealidad de la vida, y del mundo como teatro, y los consiguientes problemas morales, sino, simplemente, de poner un segundo marco teatral* —un passe-par-tout, *quizá sería más exacto decir, dentro del marco propiamente dicho—, elevando así al cuadrado la convencionalidad de la farsa, en un plano de «metateatro». No hay que perder mentalmente de vista esto, que, por lo que toca al argumento, podría parecer un añadido ocioso: en esa doble embocadura escénica —hablamos metafóricamente en términos actuales, porque, como ya se dijo en otros volúmenes, el teatro elisabetiano no tenía embocadura, sino que era una plataforma en un patio, con público por tres de sus lados— es como se absuelve en juego cómico lo que, en una óptica anacrónicamente realista, podría parecer sólo brutal machismo y tosca simplificación psicológica. El calderero medio adormilado por los vapores de la cerveza, junto con sus burladores —sobre todo, el Señor que le ha hecho asumir su propia personalidad de señor—, situados a un lado de la escena, hacen que la comedia aparezca más claramente como un juego de lenguaje, una deliberada esquematización cómica sin pretensiones de «caso real».*

Se da la paradoja de que esta obra, en la segunda

versión de su texto, más compleja, deja abandonado ya en el Acto I ese passe-par-tout, *que, en cambio, en la primera y más pobre versión de esta obra llegaba hasta el final, con ocasionales comentarios marginales por parte del calderero y sus burladores. En el siglo XVIII, Alexander Pope decidió, por conveniencias teatrales, restaurar* ese passe-par-tout *de la primera versión, titulada «La doma de* una *furia», añadiéndoselo a la segunda versión, «La doma de* la *furia», y así lo hemos hecho también aquí, aunque no sea costumbre editorial, seguros de que al lector le parecerá bien. Así, una vez terminada la acción de la obra propiamente dicha, vemos cómo el calderero es devuelto a la realidad y se despierta otra vez pobre y borracho, convencido de haber tenido un sueño en el que era un gran señor y le hacían ver una función sobre cómo domar a la propia esposa. ¿Estamos aquí ante un simple azar del destino de unos textos, o cabe sugerir que, si en la segunda versión, se abandonó en seguida el* passe-par-tout, *fue precisamente porque se había enriquecido el desarrollo argumental de la primera versión con una nueva «acción secundaria», en ese barroco contrapunto habitual en Shakespeare, y la nueva complejidad empezaba a resultar excesiva? Pero quizá esta pregunta sea todavía prematura: demos primero una breve síntesis del desarrollo de* La doma de la furia. *Ante todo, el marco a cargo del calderero Sly: un noble señor que vuelve de caza le encuentra dormido en borrachera y decide divertirse a costa de él haciéndole despertar en su palacio, vestido y tratado como si fuera el propio señor, que se hubiera curado de una larga enajenación en que creyó ser un calderero dado a la cerveza. La aparición de unos cómicos de la legua resulta oportuna para entretener al medio despierto calderero, aplazando también sus naturales pretensiones hacia la que le dicen que es su mujer, y que es un paje disfrazado: no se olvide que los papeles femeninos elisabetianos, de todos modos, los representaban siempre muchachos. La presencia de Sly, acompañado del señor, que, en la primera versión, finge ser un criado llamado Slim —sin duda en la galería superior, a modo de balcón, sobre la plataforma del escenario elisabetiano— se hace notar en algún comentario: ya dijimos que en la primera versión dura hasta el final, con el triste despertar del calderero vuelto a su ser; en la segunda versión, en cambio, dejando de oírse ya en el Acto I, como si el calderero se aburriera y desapareciera silenciosamente.*

La acción de La doma *tiene lugar en una Padua muy convencional, salpicada de elementos y alusiones rigurosamente británicos. La situación es ésta: Bautista (Baptista) Minola tiene dos hijas: la mayor, Catalina, llamada la «furia», por su aspereza de carácter; la menor, Blanca, tan atractiva de temperamento como de figura; pero el padre no dejará que se case la pequeña mientras no lo haga la mayor. Dos pretendientes de Blanca —Gremio, hombre ya de cierta edad, y Hortensio— establecen una alianza provisional para buscarle un marido a la «furia», antes de seguir compitiendo entre ellos, y encuentran un pretendiente adecuado en Petrucho, recién llegado de Verona, y dispuesto a domar a la famosa Catalina, quizá no tanto por aumentar los bienes que acaba de heredar y que le permiten andar viajando, cuanto por cierta chulería personal, ante el desafío del renombre de tan zahareña y colérica damisela. Mientras, ha llegado de Pisa otro pretendiente para Blanca, Lucencio, quien, cautamente, intercambia su personalidad con la de su criado Tranio —el cual, bajo el nombre de Lucencio, se une también al «pacto de caballeros» de los otros dos enamorados de Blanca—. Hortensio fingirá ser maestro de música para poder entrar en casa de Blanca y declararle su amor, mientras que el falso Lucencio recomienda al verdadero Lucencio (que ha adoptado el nombre de Cambio) para que dé clase de latín a Blanca —clase que, por supuesto, se convertirá en una declaración de amor con más perspectivas de éxito que la de Hortensio—. Pero esto ocurrirá después de la gran escena de la obra, en que Petrucho desconcierta y abruma a Catalina no dándose por enterado de los insultos de ésta y envolviéndola en un alarde de palabrería sarcástica, que deja sin respiro a la «furia», vencida así a fuerza de ingenio. (Éste es uno de los momentos en toda la obra shakespeariana, en que el lenguaje adquiere más sustancia propia, como si fuera un poder capaz de cambiar por sí solo la realidad y las voluntades: lo que hoy, con la terminología de Austin, llamaríamos el valor «performativo» o «ilocucionario» del lenguaje.) Aprovechando también los deseos de Bautista, Petrucho remata su gran pirotecnia verbal con la fijación de la boda para el siguiente domingo, tras de lo cual se marcha, sin más, como para atender a sus preparativos nupciales. Bautista, entonces, pasa a ocuparse de la hija menor, Blanca, organizando una suerte de subasta para ver cuál de los pretendientes puede asegurar más bienes a su hija en caso de morir antes, y anunciando que la boda, con quien resulte elegido, será el domingo posterior a la de Catalina. El falso Lucencio (Tranio) es quien prevalece, prometiendo bienes que, de hecho, son del padre de su amo (Vicencio): Bautista le da la preferencia condicionalmente, en espera de que el propio padre garantice la promesa. Dada la urgencia del caso, hay que encontrar un falso padre de Lucencio que dé tal garantía, y se encuentra en la persona de un Pedante (un «dómine», diríamos en términos dieciochescos), a quien Tranio engaña para que asuma el papel de Vicencio.*

Mientras tanto, tiene lugar la boda de la «furia», de una manera que forma parte del proceso de su «doma» por Petrucho: el novio no regresa a Padua hasta el mismísimo día de la boda por la mañana, y entonces aparece vestido de modo estrafalario, se porta como un bárbaro durante la ceremonia y se lleva inmediatamente a su recién esposa sin quedarse al banquete nupcial. Luego —tras un accidentado viaje que también forma parte del proceso de «doma»—, Petrucho, ya en su casa de campo, somete a Catalina a un duro tratamiento, pero fingiendo hacerlo todo por su bien, sin dejarla comer, con el pretexto de que la comida está mal preparada, echando a golpes al mercero y al sastre que vienen a vestirla, con el pretexto de que no han cumplido bien los encargos de Petrucho, y —según se insinúa— aplazando con discursos la consumación del matrimonio. Pronto vuelve a Padua, donde Petrucho podrá presentar con más calma sus respetos a su suegro; se nos cuenta que, por el camino, Petrucho ha obligado a Catalina a negar la evidencia, diciendo que era de noche cuando era de día y que un anciano era una bella dama.

En Padua, volviendo al «tema Blanca»: gran escena al aparecer el auténtico padre de Lucencio, a quien el falso padre quiere hacer encarcelar por impostor. Por fin todo se aclara, y hay perdón para Lucencio y felicidad para todos —Hortensio es casa con una viuda—. Abundan aquí, en esta segunda línea de acción, las pequeñas inconsecuencias lógicas —así, Bautista, en un momento dado, sabe algo que todavía no debería saber—, pero es seguro que el público shakespeariano, como la mayoría de los espectadores y lectores actuales, no notaba esos descuidos. Al final, tras la triple boda, tiene lugar la gran apoteosis de Petrucho: contra una apuesta de Lucencio, la ex furia, Catalina, será la única de las tres recién casadas que obedezca al recado de su marido acudiendo al instante. (Terminada la obra, el calderero, en la primera versión, es arrojado a su anterior estado de miseria, con sólo el consuelo de que ahora sabrá cómo domar a su propia mujer.)

Ahora que ya tenemos presente la síntesis de La doma de la furia, *podemos darnos cuenta de la importancia de los problemas de la historia de su texto. En 1594, la primera versión de esta obra, estrenada en ese mismo año o quizá hasta dos años antes, apareció impresa en un libro suelto —lo que se suele llamar, en las ediciones shakespearianas, un* Quarto, *por su formato, y precisamente* un bad Quarto, *un «mal»* in-quarto, *por la poca calidad de su transcripción del texto teatral—, bajo el título* A Pleasant Conceited History, called The Taming of a Shrew. As it was sundry times acted by the Right honourable the Earl of Pembroke his servants *(«Una placentera historia ingeniosa llamada La doma de una furia. Tal como fue representada varias veces por los sirvientes del muy honorable conde de Pembroke», recuérdese que las compañías de actores adoptaban el patronato, más o menos honorífico, de un noble). La diferencia entre «la doma de* una *furia» y «la doma de* la *furia», como se titularía la posterior versión, es sólo una muestra mínima de las grandes diferencias entre este texto —probablemente pirateado, es decir, anotado de memoria por uno o más de los actores que lo representaron—, y el posterior texto de las «obras completas», el llamado* Folio (in-folio) *de 1623 —recuérdese que Shakespeare murió en 1616—. Ante todo, como ya dijimos, en esa primera versión el calderero Sly y los que le engañan permanecen todo el tiempo como espectadores, con ocasionales comentarios, y añaden un epílogo —y así se incorpora en nuestra traducción—. Pero, además, y de modo más importante, los personajes, casi todos ellos con nombres diferentes que los que llevan sus equivalentes en «*La *furia», siguen un desarrollo algo diverso: Catalina tiene dos hermanas, y no una, y las funciones de otros personajes tienen otro sentido e importancia que en*

«La *furia*». *Así, por lo que toca al que aquí es Hortensio, el papel que, bajo el nombre de Polidor, tenía en esa primera obra, resultaba más amplio y más coherente; aquí, como se verá, después de parecer que va a ser importante, se reduce a un figura muy secundaria, casi ridícula: ni siquiera está presente al final de la escena en que Gremio y el falso Lucencio (Tranio) hacen sus ofertas a Bautista, aunque a éste le constaba que Hortensio también era pretendiente a la mano de Blanca. Y luego, al comienzo del Acto segundo Escena II, queda inexplicablemente sustituido por Tranio en su papel de amigo de Petrucho —aunque no conocía a éste al iniciarse la acción de la obra—, y después (IV, 2) el mismo Tranio, sin que Hortensio le haya dicho nada, sabe que éste ha ido a la «escuela de doma» de Petrucho. Y, por fin, Hortensio anuncia demasiado de repente su boda con la Viuda: se trata, evidentemente, de redondear las bodas y que no queden cabos sueltos. (El anciano Gremio, por su edad, no merecía acomodo especial.)*

Estos pequeños desajustes se explican porque a la primera versión de la obra —probablemente toda ella escrita por Shakespeare— se le añadió luego una buena parte de la acción de la comedia Supposes *(1566) de George Gascoigne —por cierto, la primera obra teatral inglesa escrita totalmente en prosa, y además buena prosa—.* Supposes *era una adaptación de* I suppositi *(1509), comedia de Ludovico Ariosto, muy a la manera de Plauto y Terencio. El título, con un eco de la famosa* suppositio, *el modo de significación de los términos en la escolástica medieval, tiene doble filo: por un lado, es «impostores», y por otro alude a «suposiciones» en sentido de «hipótesis». Este juego verbal, expuesto en un artificioso prólogo, y más en general, el poder de la prosa de Gascoigne, debieron contribuir a que Shakespeare se sintiera inclinado a absorber muchos elementos de esta obra en su nueva versión, «La doma de* la *furia». No es* seguro, sin embargo, que la nueva versión fuera toda de él mismo, y no incorporara algún colaborador. Aquí no podemos entrar en este delicado problema policíaco-filológico: por ejemplo, Mario Praz llega a dar por hecho que el ignoto colaborador —Thomas Lodge, o Robert Greene, con quien Shakespeare había chocado en sus comienzos, o George Chapman, el autor de Hero y Leandro— se hizo responsable de unas dos quintas partes de la obra, bien delimitables. Por otro lado, tampoco sabemos qué clase de texto fue el usado para imprimir la versión «autorizada», la del Folio de 1623. Acaso el mal in-quarto de 1594 y el Folio son derivaciones separadas de un primer texto, transportadas por diversos miembros de la compañía de lord Pembroke, que hubo de disolverse ya en 1594, debido al cierre de los teatros londinenses por una de las periódicas epidemias de tifus, a raíz de la cual se dispersarían los cómicos por provincias en grupos más pequeños.

Lo que importa es que el material de Gascoigne, en su incorporación, se vuelve más «romántico» —en el sentido en que la crítica suele aplicar ese término a cierto aspecto de la obra shakespeariana—, y menos próximo al modelo del teatro de Plauto: por ejemplo, desaparece un tema de intriga, de «hijo perdido y encontrado», y Blanca, a diferencia de lo que ocurre en Supposes, no está esperando ningún hijo. Cierto que esta segunda acción, la de Blanca, aunque basada en el rápido amor de Blanca a Lucencio, el falso maestro de música, no llega a ser tan «romántico» como otros amores shakespearianos, pero es que —insistamos— aquí se trata de una farsa, realzada en su irrealidad y su simplicidad por su enmarque de «teatro dentro del teatro».

Ahora que se ve cómo esta segunda voz —el tema Blanca— tenía un precedente literario tan directo e inmediato, no viene mal señalar que tanto el marco —tema Sly— como la «voz cantante» —tema Catali-

na— tenían también sus bases de tradición: el primero, en las Mil y una noches, *cuando el Sultán Harún el Raschid hace que el mendigo Abu Hassan se vea, al despertar, ocupando el papel y la personalidad del propio sultán: el tema Petrucho-Catalina, aparte de toda la tradición social y religiosa sobre el dominio del marido (piénsese en* Efesios 5*), tiene también su propia tradición oriental, cuyo eco más conocido para nosotros está en el* enxiemplo *de* El Conde Lucanor *sobre «el mancebo que casó con mujer brava».*

Pero aparte de esta consideración de «fuentes» temáticas, la más fecunda conexión tradicional se da aquí sobre una base estilística, la del mundo de la prosa elisabetiana, una abigarrada esfera que la mayor parte de los lectores ingleses —cuanto más los españoles— no suelen tener muy presente, abundante en folletos de ocasión, pintorescos y sarcásticos. En este caso, el influjo más inmediato pudo estar en dos obras publicadas por Nashe en 1592, Pierce Pennilesse his supplication to the Devil *(«Perico Sin-peniques, su súplica al diablo») y* Stage News *(«Noticias de escena»). En términos hispánicos, cabría pensar en esa vena de verborrea popular, casi de «grabación», del habla de las comadres, que se da en el Arcipreste de Talavera y en la Celestina —sin comillas, esto es, en el habla de la vieja, pero no de Calisto y Melibea—; un lenguaje complacido en improperios más o menos irónicos, en juegos de palabras, y en proverbios a veces mezclados o incluso improvisados: «No puedo retrasarme: conocí a una muchacha que se casó una tarde que bajó al huerto por perejil para rellenar un conejo» (IV, 4). Claro que con esto aludimos al lenguaje que tiene su línea más visible en la «acción Petrucho-Catalina»; por lo que toca a la acción «Blanca», el desarrollo contiene mayor dosis de engaños, de «suposiciones» e imposturas —por ejemplo, el criado hace de amo—, y eso le limita en la expresión, mien-*

tras que la pasión apenas se puede manifestar en resquicios. En cambio, en la «acción Petrucho-Catalina», el lenguaje no sólo no está refrenado por disimulos, sino que, al contrario, actúa por exageración, «por percusión», casi diríamos, pero poniendo el grito ensordecedor en forma de retruécano ingenioso o de paradoja —¡qué lejos del teatro de nuestro tiempo, tan pobre de palabra a fuerza de presunto realismo!—. Petrucho, incluso, en recurso excepcional dentro del teatro shakespeariano, habla directamente al público, al final de V, 1, para explicarle sus planes de «doma» de Catalina —quizá, pensamos, para tranquilizar a las buenas almas que pudieran creerle tan brutal como fingía ser—. Pero, con tanto «ruido y furia», queda todavía algo que apenas cabe leer si no es entre líneas, pero que puede hacerse evidente en la escena, sin añadir nada ajeno al texto, simplemente por los matices de interpretación, en buenos actores —sobre todo en el papel de Catalina—: silenciosamente, lo que aparenta ser sólo «doma» y avasallamiento a fuerza de violencias, puede resultar en el fondo un enamoramiento sincero por ambas partes, con ternura auténtica aunque velada. Por otra parte, Catalina, aunque tuviera fama de furiosa, en la escena no pasa de tener algún arrebato contra su hermana, consecuencia de su irritación contra su padre, a quien acusa de no dejar que se le acerquen los pretendientes a ella —en contra de lo que es el caso, según les consta a los pretendientes de Blanca—. Y, a la hora de la verdad, si Petrucho la silencia y la domina quizá no es por simple prepotencia: también puede haber en Catalina una creciente conciencia de que por fin ha encontrado un hombre a su altura, y, poco a poco, ella misma empieza a sospechar que todo aquel ruido no pasa de ser un truco e incluso que el hombre que entró en el juego por sugerencia de los pretendientes de Blanca, como para enriquecerse, se ha ido enamorando de veras. La clave final de la obra no estaría en el convencional discurso de la última escena, presentando la sumisión de la mujer como parte de la armonía del universo —mientras que, en cambio, Blanca se quita la máscara de la suavidad para revelarse como dominante—, sino en el admirado comentario de Petrucho: «¡Vaya qué muchacha! Ven acá y dame un beso, Cata.»

Como en el caso de la anterior comedia, empecemos por una breve síntesis de la acción antes de cualquier observación crítica o noticia histórica: El «mercader de Venecia», Antonio, habla con dos amigos suyos, Solanio y Solarino, quienes, además de sugerir con sus palabras la belleza de la ciudad y de sus fiestas y mascaradas, le reprochan su continua tristeza, que el mismo Antonio no sabe cómo explicar. Se marchan ellos y llega Bassanio, el mejor amigo de Antonio, junto con Lorenzo y Graciano, que se retiran en seguida; Bassanio confía a Antonio sus apuros, porque está enamorado de la bella y rica Porcia —que no vive en Venecia, sino en la tierra firme, no se sabe a qué distancia, en el gran palacio de Belmonte—, pero ha gastado su fortuna y, aunque ella parece serle favorable, no puede viajar a verla ni menos aparecer en digna competencia con los príncipes que la cortejan. Antonio le dice que tiene todo su dinero invertido en barcos con mercancías, pero está dispuesto a servirle de fiador ante el judío Shylock —el cual odia a Antonio porque éste le ha insultado como judío y porque presta dinero sin intereses—. Shylock acepta prestarle tres mil escudos a noventa días, pero, con un aire ambiguo que permite creer que se trata de una broma, impone la condición de que, en caso de falta de pago puntual, Antonio habrá de dejarse cortar una libra de carne en la parte del cuerpo que quiera el judío. (En cambio, no se habla de intereses en caso de pago puntual, circunstancia que, para una persona más mercantil que ese peculiar mercader, bastaría para sugerirle que el judío no se mueve en esa ocasión por afán de lucro sino con malevolencia personal.) Conseguido el préstamo, Bassanio se embarca para ir al palacio de Porcia, Belmonte. Allí, Porcia está pendiente del resultado de una especie de rifa matrimonial establecida en el testamento de su padre: se casará con ella el pretendiente que acierte cuál es la arqueta que contiene su retrato, entre tres, respectivamente de oro, plata y plomo, cada cual ostentando un ambiguo y engañoso lema. (Por supuesto, los pretendientes, que son ante todo los príncipes de Aragón y de Marruecos, han de jurar antes que si no aciertan, no solicitarán nunca la mano de ninguna otra dama y guardarán silencio sobre su propia elección.) Vemos al príncipe de Aragón fracasar con la arqueta de plata y al de Marruecos con la de oro; enterado así el público de la solución que todavía no sabe Bassanio, la acción vuelve a Venecia, donde el criado del judío Shylock, Lanzarote Chepa, dice que quiere dejar el servicio de su amo para pasar al de Bassanio, mientras que Yésica, la hija del judío, se dispone a fugarse con Lorenzo, otro de los amigos de Antonio, disfrazándose esa noche de paje portador de antorcha y llevándose el dinero y las joyas que pueda.

En Belmonte, mientras, Bassanio acierta al elegir la arqueta de plomo, con lo que se celebran sus esponsales —quizá no la boda misma, que queda pendiente de consumación— con Porcia. Pero llegan los fugitivos Yésica y Lorenzo con la noticia de que los barcos de Antonio han naufragado —Shylock, furioso por la fuga de su hija, ha oído con amargo placer, en otra escena, la noticia de la ruina de Antonio, que le permite vengarse exigiendo una libra de carne cortada junto al corazón—. (Sobre cómo han pasado los noventa días del plazo, no hay que hilar muy delgado.) Bassanio se apresura a volver a Venecia con ánimo de salvar a Antonio, ahora que dispone para ello de la fortuna de Porcia, con pleno acuerdo de ésta, agradecida a Antonio por haber hecho posible la llegada y triunfo de Bassanio. Pero Porcia no se queda quieta en Belmonte, sino que, con una doncella suya, Nerisa (desposada paralelamente a ella con Graciano, otro amigo de Antonio, que acompañó a Bassanio), se disfraza asumiendo la personalidad de un abogado pariente suyo, mientras Nerisa toma el papel de ayudante del supuesto letrado. Ante el tribunal veneciano Porcia ofrece en vano a Shylock el pago —doblado o multiplicado— de la deuda: el judío está empeñado en cortar la libra de carne, advirtiendo al Dogo, que preside el juicio, que el cumplimiento de ese contrato es esencial para el prestigio universal de las leyes de Venecia. (Curiosa legislación ésa, en que ningún pago, aun con tan breve demora, podía anular tan extravagante compromiso.) Porcia, en su papel de abogado, parece aceptar entonces la necesidad de que se consume el sacrificio, pero inmediatamente, aferrándose a la letra del contrato, advierte a Shylock que no está autorizado a derramar ni una gota de sangre en exceso al cortar su libra de carne, y finalmente, barriéndolo todo, dictamina que Shylock ha atentado contra la vida de un ciudadano veneciano, y por tanto ha de perder sus bienes, la mitad para el Estado y la otra mitad para su hija, y aun eso, como especial benevolencia en el caso de que se haga cristiano. Entonces el falso abogado —Porcia— y su falso ayudante —Nerisa— se despiden triunfalmente, pidiendo como única recompensa los anillos que ellas mismas habían dado a sus maridos, los cuales, aunque de muy mala gana, se los entregan. Porcia y Nerisa vuelven rápidamente a Belmonte, donde Yésica y Lorenzo están a cargo del palacio, entregados a su felicidad amorosa. En seguida llegan también Bassanio y Graciano, con el salvado Antonio. Porcia y Nerisa acusan a sus maridos de haber cedido sus anillos y dicen haber concedido sus favores la noche anterior a un abogado y a un ayudante que se los trajeron; ellos quedan a la vez furiosos y avergonzados, hasta que Porcia deshace la pesada broma y las tres parejas se disponen a la plena felicidad, mientras Antonio les mira siempre desde su misteriosa distancia reservada —y mientras Shylock, en Venecia, estará entregado a su furia—. Por supuesto, llega noticia en el último instante de que, en contra de las noticias anteriores, han arribado felizmente al puerto los barcos de Antonio, lo que no parece hacerle demasiada impresión.

La historia del texto del Mercader, *a diferencia del caso de* La doma, *no plantea grandes problemas: resumámosla, pues, antes de comentar las gracias y peculiaridades de la comedia.* El mercader de Venecia *debió de escribirse poco antes de 1598, fecha en que aparece mencionada por el cronista Meres y en que fue registrada por primera vez ante el llamado* Stationer, *el funcionario habitual. La compañía del Lord Chambelán la representó por primera vez en 1600, antes de su primera publicación; en 1605, la compañía de actores del rey Jacobo I la puso en escena ante éste, quien quedó tan complacido que ordenó que se repitiera dos días después. (En el registro de palacio se anotó a su autor como «Shaxberd»). En 1600 se imprimió, con esta portada:* The most excellent Historie of the Merchant of Venice. With the extreme crueltie of Shylocke the Iewe towards the Merchant, in cutting a just pound of his flesh: and the obtaining of Portia by the choyce of three chests. As it has beene diuers times acted by the Lord Chamberlaine his Seruants. Written by William Shakespeare. At London. Printed by I.R. for Thomas Heyes, and are to be sold in Paules Churchyard, at the signe of the Greene Dragon, *1600 («La muy excelente historia del Mercader de Venecia, con la extremada crueldad de*

Shylock el judío hacia el Mercader, cortándole una libra exacta de su carne: y la obtención de Porcia por la elección de tres cofrecillos. Según ha sido representada varias veces por los sirvientes del Lord Chambelán. Escrita por William Shakespeare. En Londres. Impresa por I. R. para Thomas Heyes, y se ha de vender junto a la iglesia de San Pablo, a la enseña del Dragón Verde»). En 1619 se publicó otra edición de la obra, con carácter de piratería, unida a otras nueve análogas; en 1623 la edición Folio *la recogió con todas las demás; en 1637 y 1652 volvió a publicarse en edición suelta de formato* in-quarto.

En cuanto a las fuentes, el tema del compromiso de dejarse cortar una libra de carne en caso de no pagar una deuda a un judío, con la sucesiva resolución gracias a la señora de Belmonte —en este caso, esposa del deudor mismo—, bajo disfraz de abogado, se encuentra en uno de los relatos de Il Pecorone *(algo así como «el borrego», «el bobo»), colección reunida en Italia a fines del siglo XIV por Ser Giovanni Fiorentino, e impresa en 1558. Además, hubo algunas obras dramáticas inmediatamente anteriores a la de Shakespeare en que se presentaban otros desarrollos análogos del tema del judío maligno: ante todo, una perdida, con el título* The Iew, *que en 1579 elogió el escritor puritano Stephen Gosson; después, descollando por encima de algunas más, el famoso* Iew of Malta *de Marlowe (1594), obra que se benefició del caso ocurrido entonces con el doctor Roderigo Lopes, médico judío portugués, a quien se acusó y ejecutó por presunto intento de envenenamiento a la reina. El tema de los cofrecillos a elegir tiene un precedente en la historia de Barlaam, de origen oriental, y que aparece en el «Barlaam y Josafat» español y en la* Leyenda Áurea *de Jacobo de Vorágine (1230-1298), pero ese precedente llegaría a Inglaterra por la traducción que hizo Richard Robinson, en 1577, de* Gesta Romanorum. *El mismo Shakespeare, en* Los dos caballeros de Verona, *utiliza un desarrollo análogo en la elección de pretendientes.*

Formalmente, cabe decir que el Mercader *es un juego de contrastes que sólo la gracia escénica puede conciliar en unidad. Ante todo, contraste de consistencias y naturalezas entre ese «cuento encantado» que es la obra y la densidad realista de algunos de los personajes —el judío Shylock, sobre todo—; pero, a su vez, contraste entre los dos espacios en que discurre la fábula, el de una Venecia mercantil y el de un mítico palacio, Belmonte, no se sabe a qué distancia en tierra firme, y no se puede saber tampoco, y en esto hay otro contraste más, porque el tiempo de Venecia y el tiempo de Belmonte no se miden con los mismos relojes: los noventa días del préstamo no tienen nada que ver con el tiempo que se tardase entre Venecia y Belmonte, ni tendría sentido intentar calcular cuánto habría pasado entre el vencimiento del término y el juicio. Es importante, sí, que el contrapunto de la doble acción se desarrolle en dos ámbitos tan heterogéneos como Venecia y el fantástico Belmonte, pero nos parece un tanto exagerada la interpretación de Elliot Krieger (*A Marxist Study of Shakespeare's Comedies, *McMillan, Londres, 1979), que ve Belmonte como el cosmos de la aristocracia tradicional, con su inmovilidad metafísica y su culto a las estirpes, en contraposición a la imagen de una Venecia burguesa, de incipiente capitalismo —ya es curioso que aquí el exponente de la burguesía no sea el «mercader», sino el judío, sólo por su ejercicio de la usura—. Es verdad, sin embargo, que Venecia no significaba sólo un prestigio de belleza, de mascaradas, de canales, sino —todavía— un ejemplo de dinamismo económico, aunque de hecho ya estuviera entrando en lento ocaso en la época shakespeariana, por haberse abierto el Atlántico y por no haber sabido pasar de bien de lo comercial a lo manufacturero —en contraste con lo que había sido la lanera Floren-*

cia—. En todo caso, Venecia era el mito del estilo, la que —por ejemplo— había lanzado hacia Europa no sólo sus vidrios sino sus nuevos usos y adminículos, como el tenedor, que todavía Luis XIV no quería que usaran sus hijos.

Nosotros, como lectores —y mejor aún, como espectadores reales o mentales— entramos fácilmente en ese contraste de planos, dejando al fondo un basso continuo *de divertida convención sin compromiso en que Porcia y Nerisa pueden disfrazarse de abogado y de ayudante, y engañar así, no ya al Dogo y los jueces de Venecia, sino a sus propios flamantes maridos, después que el destino de Porcia ha quedado felizmente sellado por un singularísimo testamento con adivinanzas en tres arquetas, etc. En ese plano, triunfa Porcia, añadiendo a su amor a Bassanio su generosidad en la ayuda al bienhechor Antonio, para rematarlo en una simbólica puesta de cuernos —reduplicada en la cuerda Graciano-Nerisa—; pero nuestra atención, aunque siguiendo bienhumoradamente ese cuentecillo, sin duda está fascinada por otros dos personajes de gran humanidad, en sentidos totalmente diversos: Antonio y el judío. Este último es el más comprensible, el verdadero protagonista de la obra, movido por sentimientos verdaderamente humanos al quejarse por la humillación de su raza y al dejarse arrebatar por su sed de venganza. Cierto que Shakespeare, que siempre parece desconfiar un poco de la inteligencia de sus espectadores, añadiendo motivaciones superfluas, en este caso, además, hace que la hija del judío se fugue con un amigo de Antonio. Pero, por suerte para nosotros, que nos hemos acostumbrado más que el público shakespeariano a contentarnos con el juego de los caracteres, cuando ocurre la fuga, ya el judío está sobradamente vivo como personaje autosuficiente. Shakespeare, siempre tan grandiosamente neutral, antes de ensañarse en la catástrofe que cae sobre el judío le ha dado los mejores argumentos para su odio, las más justificadas quejas contra el antisemitismo —incluso citando la Biblia,* su *Biblia, el Antiguo Testamento, en defensa de las astucias para enriquecerse sin robar—. El judío es un ser humano, como el cristiano: si odia y quiere vengarse, dice, cargándose fácilmente de razón, que lo ha aprendido de los mismos cristianos. Pero si los cristianos, en general, salen malparados ante las acusaciones y los improperios de Shylock, Antonio es un caso aún más escandaloso para él: no sólo desprecia a su raza judía, sino que además presta sin usura.*

Y aquí, mirando ya a Antonio, estamos ante uno de esos casos que, como el de Hamlet, nos interesan y nos fascinan porque en ellos Shakespeare parece dejar entrever un íntimo desdén hacia lo teatral en que era tan supremo virtuoso, sacrificando las conveniencias escénicas para complacerse en la creación de un personaje ambiguamente misterioso. Antonio, desde la primera escena, está triste, es *triste —Granville-Barker quita hierro a esa caracterización afirmando que, en Shakespeare,* sad *no tiene tanto significado de «triste» cuanto de «serio», pero, dicho con todo el respeto obligado en un lector extranjero, esa coartada semántica tiene algo de círculo vicioso—. Y para subrayar que esa melancolía no se justifica como presagio de los peligros y presuntas catástrofes que luego le afligirán, los amigos de Antonio reconocen su tranquilidad en la tristeza, confesando qué inquietos estarían ellos si tuvieran naves en alta mar. Antonio está por encima de sus actividades de «mercader», que no da nunca la sensación de serlo: su íntima indiferencia hacia el riesgo de sus naves corresponde al escandaloso hecho de que preste sin cobrar interés. ¿Por qué y a quién? No lo sabemos: en el caso de Bassanio, por amistad. Y aquí es donde, inevitablemente, no falta algún crítico que lo explique todo por homosexualidad: sin embargo, habría que suponer que se tratara de un afecto tan peculiar como el del propio Shakespeare en parte de sus sonetos hacia el misterioso W. H., al incitar a su amigo a que tenga hijos para que en ellos se reproduzca y perdure su belleza. Aquí, en el* Mercader, *Antonio se ofrece a Shylock como fiador para que Bassanio tenga medios de casarse con Porcia: que alguien con autoridad decida si eso está de acuerdo con el ánimo homosexual.*

De todas maneras, Antonio está siempre distanciado de sus propias peripecias, y aun de sus propios sentimientos: con indiferencia acepta la amenaza del cuchillo de Shylock o la noticia de que sus naves han llegado al puerto, en contra de las informaciones que las daban por perdidas. Para un actor, el papel de Antonio debe de ser acaso uno de los más difíciles del repertorio shakespeariano, sobre todo porque Antonio no está solo ante Shylock, sino envuelto por un grupo de genuinos personajes «de cuento», de leyenda entre cómica y mágica, con los cuales le es más arduo contraponerse.

Personalmente, me complazco en suponer que Antonio cumple, aquí y en el contexto shakespeariano, la función del «pintor dentro del cuadro»: quizá Hamlet tuvo algo de ese papel, pero absorbía su tragedia entera, y aquí, en cambio, esa función resulta más clara porque Antonio está virtualmente marginado de su propia comedia, viendo ocurrir las cosas como si no le afectaran a él. Acaso aquí Shakespeare ha dado su retrato en negativo, la encarnación de su fría neutralidad —demostrada, en «positivo», en su caracterización de Shylock—: esa lejanía despreciativa y hermética, por detrás de su complacencia en el lenguaje y en la carpintería escénica, en que reside la grandeza misteriosa de Shakespeare.

José María Valverde

CRONOLOGÍA

1564 *Nace William Shakespeare, en Stratford on Avon, condado de Warwick. Su padre John, guantero y comerciante, prospera y tiene cargos municipales; desde 1576, parece sufrir reveses de fortuna, y en 1586 pierde sus cargos, pero en 1596 su hijo, ya famoso y adinerado, le ennoblece retroactivamente al ser autorizado a usar un escudo de armas con una lanza y el lema, en heráldico francés,* Non sancz droit *(«No sin derecho»). El pequeño William asiste a la Grammar School local, donde aprende latín —quizá pudo leer en el original las* Metamorfosis *de Ovidio y las tragedias de Séneca que, muy difundidas entonces, serían base del teatro elisabetiano—. Este teatro, gestado en medios universitarios, confluye con la afición popular al espectáculo: a pesar de la puritana prevención de ciertas autoridades —así, las municipales—, el favor de Isabel I y Jacobo I permitió la maduración del arte dramático. En 1570 se prohíbe el teatro dentro del término municipal de Londres —lo que se elude ofreciéndolo al otro lado del Támesis—; desde 1572, sólo se permiten las compañías que figuren como «sirvientes» de un noble, pero los reyes también las tendrán. Concretamente en Stratford, Shakespeare pudo ver a la compañía del conde de Leicester en 1573 y 1576. (Los papeles femeninos estaban representados por muchachos* travestis, *especialmente equívocos también por la frecuencia con que las damitas shakespearianas aparecen disfrazadas de hombre.)*

1582 *William Shakespeare se casa con Anne Hathaway, ocho años mayor que él, y que muy poco después le da una primera hija, Susanna; en 1585 nacen los mellizos Judith y Hamnet (éste muere en 1596).*

1587 *William Shakespeare, sin su familia, se va a Londres —se dice si huyendo de ser apresado como cazador furtivo—. Quizá trabajó de maestro: antes o después, entra en el mundo del teatro, donde va haciendo de todo, guardián de los caballos de los espectadores, traspunte, actor, autor e incluso coempresario. Por entonces, es el momento de éxito de Kyd y Marlowe.*

1590 *Estrena —anónimamente—* Enrique VI *(la primera de sus tres partes), con la influencia —y quizá colaboración— de Marlowe.*

1592 Ricardo III, Tito Andrónico. *Robert Greene, citando un verso de* Enrique VI, *da testimonio de haber comprendido quién era el autor de aquella obra de tanto éxito.*

1593 *Cerrados los teatros por la peste de 1592, Shakespeare ha escrito un poema,* Venus y Adonis, *que, según Joyce, expresaría cómo fue él seducido por Anne Hathaway, y que da a conocer ese año.* La comedia de los errores, La doma de la furia.

1594 *Forma parte de la compañía Los Sirvientes del Lord Chambelán, como autor y coempresario.* Los dos caballeros de Verona, Trabajos de amor perdidos *(con barroquismo influido por el* Euphues, *de Lyly). Publica el poema* La violación de Lucrecia. *Se relaciona con el círculo del conde de Essex, y en especial con el noble Southampton (Henry Wriothesley), posible dedicatario de los sonetos que quizá empieza a escribir entonces.*

1596 *Obtiene el derecho al escudo de armas. Muere*

su hijo Hamnet. Rey Juan, El mercader de Venecia.

1597 *Compra una gran casa en Stratford (New Place).*

1598 *Imprime con su nombre una obra* (Trabajos de amor perdido). *Grandes elogios del crítico Meres.* Mucho ruido por nada, Enrique IV *(1.ª y 2.ª partes),* Las alegres casadas de Windsor, El sueño de una noche de San Juan.

1599 *Su compañía abandona el teatro The Curtain (El Telón) para hacerse cargo del teatro, construido expresamente, The Globe: W. S. es propietario de la décima parte.* Julio César, Como gustéis.

1600 Duodécima noche, Hamlet.

1601 *Fallido golpe de Estado del conde de Essex, que quiso preparar los ánimos para la intentona haciendo representar* Ricardo II *en el teatro shakespeariano. Muere el padre de W. S.* Troilo y Crésida.

1602 Othello, el Moro de Venecia, Bien está lo que bien acaba.

1603 *Muerte de la reina Isabel I, y, con el reinado de Jacobo I, comienzo de una época de especial distensión de ánimo* (jacobean mood). *Por la peste, se cierra temporalmente el teatro The Globe; gira con* Hamlet *por provincias.* Medida por medida. *Primera edición* in-quarto *de* Hamlet.

1604 Timón de Atenas.

1605 El Rey Lear, Macbeth. *Se abre el pequeño teatro de Blackfriars; representaciones para la Corte.*

1606 Antonio y Cleopatra.

1607 *Boda de su hija Susanna.* Coriolano.

1608 *Muere su madre. Nace su primera nieta.* Pericles.

1609 *Publica los sonetos, dedicados a W. H. (¿Henry Wriothesley?).* Cimbelino.

1610 *Se retira a vivir en Stratford.* Cuento de invierno.

1611 La tempestad *(su obra de despedida). Shakespeare abandona la actividad sin preocuparse de cuidar posibles ediciones completas de su obra, sólo muy parcialmente impresa.*

1616 *Boda de su hija Judith. Según algunos, a consecuencia del hartazgo del banquete nupcial, muere el 23 de abril, en la misma fecha que Cervantes (pero no en el mismo día, por no estar aceptado todavía en Inglaterra el calendario gregoriano).*

BIBLIOGRAFÍA SHAKESPEARIANA EN ESPAÑA

E. JULIÁ MARTÍNEZ, *Shakespeare en España*, Madrid, 1918.

R. RUPPERT, *Shakespeare en España*, Madrid, 1920.

A. PAR, *Contribución de la bibliografía española de Shakespeare*, Barcelona, 1930.

A. PAR, *Vida de Shakespeare*, Barcelona, 1930.

A. PAR, *Shakespeare en la literatura española;* Madrid, 1935, 2 vols.

R. ESQUERRA, *Shakespeare a Catalunya*, Barcelona, 1937.

A. PAR, *Representaciones shakespearianas en España*, Barcelona, 1936-1940, 2 vols.

J. DE ENTRAMBASAGUAS, «En torno a Shakespeare en España», en *La determinación del romanticismo español*, Barcelona, 1939.

L. ASTRANA MARÍN, *Vida inmortal de William Shakespeare*, Barcelona, 1941.

R. BALLESTER ESCALAS, *El historiador William Shakespeare*, Tarragona, 1945.

CH. D. LEY, *Shakespeare para españoles*, Madrid, 1951.

J. M. VALVERDE (en M. de Riquer y J. M. Valverde, *Historia de la literatura universal*, Barcelona, 1957-1959,

3 vols., págs. 131-155 del vol. 2 de la posterior edición de 1968 [Planeta]).
A. ESPINA, *Shakespeare*, Madrid, 1962.
E. PUJALS, *Drama, pensamiento y poesía en la literatura inglesa*, Madrid, 1965.
C. PÉREZ GÁLLEGO, *Dramática de Shakespeare*, Zaragoza, 1974.
M. A. CONEJERO, *Shakespeare: orden y caos*, Valencia, 1975.
C. PÉREZ GÁLLEGO, *Hamletología*, Valencia, 1976.

Se han traducido al castellano:

D. TRAVERSI, *Visión de Shakespeare*, Barcelona, 1948.
M. CHUTE, *Shakespeare y su época*, Barcelona, 1960.
F. E. HALLIDAY, *Vida de Shakespeare*, Barcelona, 1964.
L. WRIGHT y otros, *Shakespeare y la Inglaterra de su tiempo*, Barcelona, 1965.
J. WAIN, *El mundo vivo de Shakespeare*, Madrid, 1968.
J. KOTT, *Apuntes sobre Shakespeare*, Barcelona, 1969.
J. PARIS, *Shakespeare por él mismo*, Madrid, 1970.

J. M.V.

LA DOMA DE LA FURIA

PERSONAJES

Un Señor
Cristóbal Sly, calderero
Cazadores y Criados
Posadera, Paje, Comediantes, } personajes del Prólogo
Bautista, rico caballero de Padua
Vincencio, anciano caballero de Pisa
Lucencio, hijo de Vincencio, enamorado de Blanca
Petrucho, caballero de Verona, pretendiente de Catalina
Gremio
Hortensio } pretendientes de Blanca
Tranio
Biondelo } criados de Lucencio
Grumio
Curtis } criados de Petrucho
Un Pedante
Catalina, la furia
Blanca } hijas de Bautista
Una Viuda
Un Sastre, Un Mercero, y criados de Bautista y Petrucho

[La acción, en Padua y en la casa de campo de Petrucho]

PRÓLOGO

ESCENA PRIMERA

[Ante una taberna, en un llano]

Entran la Posadera y Sly.

SLY. Te voy a dar una buena, a fe.

POSADERA. ¡Un par de cepos, vagabundo!

SLY. Eres una bribona: los Sly no son vagabundos: mira las crónicas: vinimos con Ricardo el Conquistador[1]. Así que *paucas pallabris*[2]: deja correr el mundo y ¡chitón!

POSADERA. ¿No vas a pagar los vasos que has roto?

SLY. No, ni un ochavo. Vete, Jerónimo[3]; vete a tu fría cama, y caliéntate.

POSADERA. Ya sé el remedio: tengo que ir a buscar al alguacil. *(Se va.)*

SLY. Alguacil, o aguacil, o vino-cil[4], le responderé conforme a la ley: no me moveré una pulgada, muchacho: que venga, y por las buenas. *(Se queda dormido.)*

Se oyen cuernos de caza. Entra un Señor, que viene de cazar, con su séquito.

SEÑOR. Montero, te encargo que cuides bien de mis lebreles: la podenca *Alegre* babea, la pobre perra; empa-

[1] Confusión con Guillermo el Conquistador: quiere decir que es de antigua estirpe.

[2] «Pocas palabras», en latín macarrónico.

[3] Alusión a una famosa frase de «La tragedia española», de Kyd.

[4] Se juega con *head-borough*, y *third-borough, or fourth, or fifth-borough...*

reja a *Cogollito* con el podenco de ladrido profundo. ¿No viste, mozo, qué bien se portó *Plata* en la esquina del seto, cuando se perdió la pista? No querría perder ese perro ni por veinte libras.

MONTERO PRIMERO. Pues *Campanero* es tan bueno como él, señor: ladraba cuando se perdía la pista, y hoy ha encontrado dos veces el rastro más débil: fiaos de mí: yo le creo mejor perro.

SEÑOR. ¡Tú eres tonto! Si *Eco* fuera tan rápido como él, le estimaría tanto como una docena de *Campaneros*. Pero dales bien de comer y cuídales a todos: mañana pienso salir de caza otra vez.

MONTERO PRIMERO. Así lo haré, señor.

SEÑOR. ¿Quién hay aquí? ¿Uno muerto, o borracho? Mirad, ¿respira?

MONTERO SEGUNDO. Sí respira, señor. Si no se hubiera calentado con cerveza, sería ésta una cama muy fría para dormir tan de firme.

SEÑOR. ¡Ah bestia monstruosa! ¡Está tumbado como un cerdo! ¡Muerte sombría, qué sucia y asquerosa es tu imagen! Señores, voy a gastarle una broma a este borracho. ¿Qué os parecería que se le llevara a la cama, vistiéndole con hermosas ropas, poniéndole anillos en los dedos, un refrigerio delicioso junto a la cama y buenos criados cerca de él cuando despierte? ¿No se olvidaría entonces de sí mismo este mendigo?

MONTERO PRIMERO. Creedme, señor, no podría desdeñarlo[5].

MONTERO SEGUNDO. Le parecería raro cuando despertase.

SEÑOR. Igual que un sueño lisonjero o una fantasía sin substancia. Entonces, lleváoslе, y arreglad bien la broma: llevadle suavemente a mi mejor cuarto, y colgadle alrededor todos mis cuadros lascivos: ungid su sucia cabeza con templadas aguas destiladas y quemad madera de olor para hacer grato el cuarto: procuradme música preparada cuando despierte, que haga sonidos dulces y celestiales. Si se le ocurre hablar, acudid en seguida y, con una profunda reverencia de sumisión, decid: «¿Qué se digna mandar Vuestra Excelencia?» Que uno le sirva con una jofaina de plata llena de

[5] Alusión a un refrán inglés: *Beggars cannot be choosers.*

agua de rosas y esparcida de flores; que otro lleve el jarro, y el tercero una toalla y digan: «¿Tiene la bondad Vuestra Señoría de refrescarse las manos?» Uno esté preparado con un traje precioso y le pregunte cómo quieres vestirse: otro le hable de sus perros y caballos, y de que su señora está muy triste por su enfermedad: convencedle de que ha estado loco, y, cuando diga lo que es, decidle que sueña, pues no es otra cosa sino un poderoso señor. Haced esto y hacedlo con amabilidad, gentiles señores: será un pasatiempo más que bueno si se maneja con prudencia.

MONTERO PRIMERO. Señor, os garantizo que haremos nuestro papel, de tal modo que por nuestra fiel diligencia pensará que no es menos de lo que digamos que es.

SEÑOR. Lleváosle amablemente, y a la cama con él: y cada cual a su función cuando despierte. *(Algunos se llevan a Sly. Se oye una trompeta.)* Mozo, ve a ver qué es esa trompeta que suena. *(Se va un Criado.)* Quizás es algún noble caballero que, haciendo un viaje, quiere reposar aquí.

Vuelve a entrar el Criado.

¿Qué hay? ¿Qué es eso?

CRIADO. Con la venia de Vuestra Señoría, son comediantes que os ofrecen sus servicios.

SEÑOR. Diles que se acerquen.

Entran los Comediantes.

Bueno, compadres, ¡bien venidos!

COMEDIANTE. Damos las gracias a Vuestra Señoría.

SEÑOR. ¿Pensáis quedaros conmigo esta noche?

COMEDIANTE. Si Vuestra Señoría se digna aceptar nuestro homenaje.

SEÑOR. De todo corazón. Recuerdo a este mozo, de una vez que hizo de hijo mayor de un labrador: tú eras el que cortejabas tan bien a la dama: he olvidado cómo te llamas, pero desde luego que ese papel te iba muy bien y lo hiciste con naturalidad.

COMEDIANTE. Creo que Vuestra Señoría se refiere al papel de Soto[6].

[6] Personaje de «Mujeres complacidas», de Beaumont y Fletcher. En el *Folio* dice «Sicklo», nombre de un actor de la compañía del Lord Chambelán.

SEÑOR. Es verdad: lo hiciste muy bien. Bueno, habéis llegado conmigo en un momento afortunado, sobre todo, porque tengo entre manos una broma en que me puede ayudar mucho vuestra astucia. Hay un señor que oirá esta noche vuestra función, pero yo no estoy seguro de vuestra seriedad, no sea que al observar su extraña conducta —pues es un señor que nunca ha visto una función—, os vayáis a echar a reír, ofendiéndole así; pues os digo, señores, que sólo con que sonriáis él se enoja.

COMEDIANTE. No temáis, señor: nos contendremos aunque sea el bufón mayor del mundo.

SEÑOR. Anda, mozo, llévales a la despensa y dales una buena bienvenida a todos ellos: que no les falte nada de lo que puede ofrecer mi casa. *(Se va uno con los Comediantes.)* Mozo, ve a buscar a mi paje Bartolo y hazle vestir en todo como una mujer: hecho esto, llévale al cuarto del borracho; y llámale «señora», y obedécele. Dile de mi parte que ganará mi cariño si se comporta de modo honorable, tal como haya observado en nobles damas con sus esposos. Que rinda igual homenaje al borracho con palabras suaves y modosas y profunda cortesía, y diga: «¿Qué se digna mandar Vuestra Señoría, en que vuestra señora y humilde esposa pueda mostrar su obediencia y dar a conocer su amor?» Y entonces, con cariñosos abrazos, con besos tentadores y apoyando la cabeza en su pecho, inúndele de lágrimas, como rebosante de gozo al ver a su noble señor vuelto a la salud, después que en los últimos siete años se había considerado sólo un pobre mendigo asqueroso. Y si el mozo no tiene el don de las mujeres, de llover un chaparrón de lágrimas a voluntad, una cebolla le servirá bien para el caso, llevándola arrimada y envuelta en un pañuelo para obligar a los ojos a humedecerse aunque no quieran. Mira que se haga esto con toda la prisa que puedas: en seguida te daré más instrucciones. *(Se va el Criado.)* Sé que este muchacho asumirá muy bien la gracia, la voz, los andares y gestos de una dama: ya tengo ganas de oírle llamar marido al borracho: a ver cómo mis hombres contienen la risa cuando rindan homenaje a este sencillo campesino. Entraré a aconsejarles: tal vez mi presencia domine su humor demasiado regocijado, que, si no, llegaría a excesos. *(Se van todos.)*

ESCENA II

[Alcoba en casa del Señor]

Entran, arriba, Sly y unos criados: unos con ropas lujosas, otros con jarro, jofaina y otros instrumentos; y el Señor.

SLY. Por amor de Dios, un vaso de cerveza floja.

CRIADO PRIMERO. ¿Desea Vuestra Señoría beber un vaso de jerez?

CRIADO SEGUNDO. ¿Desea Vuestra Señoría probar estos fiambres?

CRIADO TERCERO. ¿Qué traje se pondrá hoy Vuestra Señoría?

SLY. Soy Cristóbal Sly; no me llaméis «señoría»: en mi vida he bebido jerez; y si me dais fiambres, dadme vaca fiambre: no me preguntéis nunca qué traje me voy a poner, pues no tengo más jubones que espaldas, ni más medias que piernas, ni más zapatos que pies: mejor dicho, a veces tengo más pies que zapatos, o tales zapatos que el dedo gordo se asoma por la puntera.

SEÑOR. ¡El Cielo haga cesar esta manía en Vuestra Señoría! ¡Ah, que un hombre poderoso de tal estirpe, de tantas posesiones y tan alta reputación, esté poseído por tan innoble espíritu!

SLY. ¿Qué, queréis volverme loco? ¿No soy Cristóbal Sly, hijo del viejo Sly de Burtonheath: buhonero de nacimiento, cardador por educación, guardador de osos por transmutación, y ahora calderero, de profesión actual? Preguntadle a Mariana Hacket, la tabernera gorda de Wincot, si no me conoce; y si no dice que le debo catorce peniques de cerveza, pura y simple, en su cuenta, contadme por el villano más embustero de la Cristiandad. ¡Qué! No estoy enloquecido; aquí hay...

CRIADO TERCERO. ¡Ah, esto es lo que hace llorar a nuestra señora!

CRIADO SEGUNDO. ¡Ah, esto es lo que hace estar mal a vuestros criados!

SEÑOR. Por esto es por lo que tu parentela evita tu casa, como rechazados de aquí por tu extraña locura. Ah, noble señor, acuérdate de tu nacimiento, haz regresar del destierro a tus antiguos pensamientos, y destierra de aquí esos sueños abyectos y bajos. Mira cómo te atienden tus criados, dispuestos a tu señal, cada cual en su misión. ¿Quieres música? ¡Escucha! *(Se oye música.)* Apolo toca, y veinte ruiseñores enjaulados cantan: o, ¿quieres dormir? Te llevaremos a una cama más suave y blanda que el lujurioso lecho preparado adrede por Semíramis[7]. Di si quieres andar; esparciremos flores por el suelo. ¿O quieres cabalgar? Tus caballos se enjaezarán, con gualdrapas incrustadas de oro y perlas. ¿Te gusta la cetrería? Tienes halcones que se elevarán por encima de la alondra de la mañana. ¿O quieres cazar? Tus lebreles harán que les responda el firmamento y arrancarán estridentes ecos de los huecos de la tierra.

CRIADO PRIMERO. Decid si queréis cazar a caballo: vuestros galgos son tan rápidos como los altos ciervos, sí, más veloces que el corzo.

CRIADO SEGUNDO. ¿Os gustan los cuadros? Os traeremos en seguida a Adonis pintado junto a un arroyo fugitivo, y a Citerea toda escondida entre los juncos, que parecen moverse y coquetear con su aliento, tal como los juncos balanceantes juegan con el viento.

SEÑOR. Te mostraremos a Ío cuando era doncella y cómo fue engañada y sorprendida, pintada tan a lo vivo como cuando se hizo aquello[8].

CRIADO TERCERO. O a Dafne errante por un bosque espinoso, arañándose las piernas tanto que uno juraría que sangra, y al verlo llorará el triste Apolo[9]: tan hábilmente están sacadas la sangre y las lágrimas.

SEÑOR. Eres un señor y nada más que un señor: tienes una señora mucho más hermosa que cualquier mujer de esta época decaída.

CRIADO PRIMERO. Y antes que las lágrimas que ha vertido por ti anegaran su rostro como malignas inunda-

[7] Reina asiria, prototipo clásico de la lujuria.
[8] Doncella amada y perseguida por Júpiter.
[9] Dafne, amada y perseguida por Apolo, se convirtió en laurel.

ciones, era la más bella criatura del mundo; y aún ahora no es inferior a ninguna.

SLY. ¿Soy un señor? ¿Y tengo tal señora? ¿O sueño? ¿O he soñado hasta ahora? No duermo: veo, oigo, hablo; huelo dulces aromas y toco cosas blandas: por mi vida, que soy de veras un señor, y no un calderero, ni Cristóbal Sly. Bueno, traed a nuestra señora ante nuestra vista; y, una vez más, un pote de la cerveza más floja.

CRIADO SEGUNDO. ¿Se digna Vuestra Señoría lavarse las manos? ¡Ah, cuánto nos alegramos de ver restablecido vuestro ingenio! ¡Ah, que sepáis otra vez lo que sois! Durante estos quince años habéis estado en un sueño; y cuando despertabais, estabais despierto como si durmierais.

SLY. ¡Quince años! A fe mía, una buena siesta. Pero, ¿nunca hablé, en todo ese tiempo?

CRIADO PRIMERO. Ah, sí, señor, pero palabras muy vanas: pues aunque estabais tendido aquí, en este hermoso cuarto, decíais que os echaban a golpes por la puerta; e insultabais a la posadera de la casa, diciendo que la llevaríais a juicio porque os traía potes de barro y no cuartos sellados[10]: a veces llamabais a gritos a Cecilia Hacket.

SLY. Sí, la muchacha de la taberna.

CRIADO TERCERO. Pero, señor, si no conocéis tal taberna ni tal doncella, ni tales nombres como los que decíais, como Esteban Sly, y el viejo Juan Naps de Grecia, o Pedro Turf y Enrique Pimpernell y otros veinte nombres y hombres como ésos, que jamás han existido y nadie ha visto.

SLY. ¡Sean dadas gracias a Dios por mi buena enmienda!

TODOS. Amén.

SLY. Gracias a ti: no perderás con esto.

Entra el Paje como señora, con séquito.

PAJE. ¿Cómo se encuentra mi noble señor?

SLY. Pardiez, me encuentro bien: pues aquí hay bastante de comer. ¿Dónde está mi mujer?

PAJE. Aquí, noble señor: ¿cuál es tu deseo con ella?

[10] *Sealed quarts*, recipientes de capacidad de un «cuarto» con sello oficial: las protestas sobre falseamiento en medidas de capacidad se resolvían en juicio especial *(leet)* ante el señor local.

SLY. ¿Eres mi mujer y no me llamas marido? Mis criados habrían de llamarme «señor»: soy tu hombre.

PAJE. Mi marido y señor, mi señor y marido; soy tu esposa con toda obediencia.

SLY. Lo sé muy bien. ¿Cómo debo llamarla?

SEÑOR. Señora.

SLY. ¿Señora Alicia, o señora Juana?

SEÑOR. «Señora», y nada más: así llaman los señores a las señoras.

SLY. Señora mujer, dicen que he soñado y dormido unos quince años o más.

PAJE. Sí, y ese tiempo me parece treinta años, desterrada todo ese tiempo de vuestro lecho.

SLY. Es mucho. Criados, dejadme solo con ella. Señora, desnúdate y ven ahora a la cama.

PAJE. Tres veces noble señor, permitidme que os ruegue que me dispenséis aún por una noche o dos; o, por lo menos, hasta que se ponga el sol; pues vuestros médicos han mandado expresamente, bajo peligro de recaer en vuestra enfermedad anterior, que todavía siga yo ausente de vuestro lecho: espero que esta razón sea tan grande que me sirva de excusa.

SLY. Sí, tan grande que apenas puedo esperar tanto tiempo. Pero no me gustaría volver a caer en mis sueños; así que esperaré, a pesar de la carne y la sangre.

Entra un Mensajero.

MENSAJERO. Los comediantes de Vuestra Señoría, al conocer vuestra mejoría, han venido a representar una placentera comedia; pues así lo consideran muy aconsejable vuestros doctores, viendo que la excesiva tristeza ha cuajado vuestra sangre, y que la melancolía es la nodriza del frenesí: así que consideran bueno que oigáis una comedia, y amoldéis vuestro ánimo al júbilo y regocijo, que cierra el paso a mil daños y alarga la vida.

SLY. Pardiez, que hagan eso. Una *comencia*, ¿no es un auto de Navidad o unos títeres?

PAJE. No, mi buen señor: es cosa más agradable.

SLY. ¿Qué? ¿Cosa de comer?

PAJE. Es una especie de historia.

SLY. Bueno, la veremos. Vamos, señora mujer, siéntate a mi lado y deja que corra el mundo: nunca nos haremos más jóvenes.

ACTO PRIMERO

ESCENA PRIMERA

[Padua. Una plaza]

Entran Lucencio y su criado Tranio.

LUCENCIO. Tranio, ya que, por el gran deseo que tenía de ver la bella Padua, cuna de las artes, he llegado a la fértil Lombardía, grato jardín de la gran Italia, y por el cariño y la licencia de mi padre estoy armado con su consentimiento y tu buena compañía, fiel criado, bien probado en todo, respiremos aquí y comencemos quizás un curso de doctos e ingeniosos estudios. Pisa, famosa por sus graves ciudadanos, me ha dado el ser, así como mi padre, mercader de grandes tráficos por el mundo, Vincencio, de la estirpe de los Bentivolio. El hijo de Vincencio, criado en Florencia, llegará a realizar todas las esperanzas concebidas, para revestir su fortuna con sus hechos de virtud: así que, Tranio, por el momento estudio virtud y me aplicaré a esa parte de la filosofía que trata de la felicidad que se ha de conseguir especialmente por la virtud. Dime lo que piensas: pues he dejado Pisa y he llegado a Padua, como quien deja una somera marisma para hundirse en lo profundo, y trata de extinguir su sed con saciedad.

TRANIO. *Perdonatemi*[1], mi amable amo; en todo pienso igual que vos: me alegro de que llevéis adelante vuestra resolución de absorber las dulzuras de la dulce filosofía. Sólo que, buen amo, mientras admiramos esa

[1] En el original *Mi perdonate*: serán frecuentes los toques de italiano.

virtud y esa disciplina moral, no seamos, por favor, estoicos ni insensibles: ni nos dediquemos tanto a los preceptos de Aristóteles que Ovidio quede abjurado como un proscrito[2]: poned freno a la lógica con la experiencia que tenéis, y practicad la retórica en vuestra conversación corriente: usad la música y la poesía para animaros; en cuanto a la matemática y la metafísica, dedicaos a ellas según encontréis que le apetezca a vuestro estómago; no se saca beneficio donde no se recibe placer: en una palabra, señor, estudiad lo que más os guste.

LUCENCIO. Gracias, Tranio: me aconsejas muy bien. Y si tú, Biondelo, hubieras llegado a buen puerto, podríamos al momento prepararnos y tomar un alojamiento apropiado para recibir a los amigos que nos traerá el tiempo en Padua. Pero espera un poco: ¿qué gente es ésa?

TRANIO. Amo, alguna manifestación para darnos la bienvenida a la ciudad.

Entran Bautista[3]*, Catalina, Blanca, Gremio y Hortensio. Lucencio y Tranio quedan a un lado.*

BAUTISTA. Caballeros, no me importunéis más, pues ya sabéis qué firmemente decidido estoy: esto es, a no casar a mi hija menor mientras no tenga marido para la mayor: si alguno de los dos quiere a Catalina, puesto que os conozco y os quiero mucho, tendréis licencia para cortejarla a vuestro gusto.

GREMIO [*aparte*]. Para cortarla en pedazos más bien[4]: es demasiado dura para mí. Vamos, vamos, Hortensio, ¿quieres mujer?

CATALINA. Por favor, señor, ¿tenéis ganas de ponerme en berlina entre estos dos galanes[5]?

HORTENSIO. ¿Galanes, zagala[6]? ¿Qué te imaginas? No hay galanes para ti, mientras no seas de pasta más amable y gentil.

[2] Alude al «Arte de amar» de Ovidio.

[3] En una de las ediciones primitivas se caracteriza a Bautista como «un Pantalón», por alusión al tipo de la *commedia dell'arte* así llamado.

[4] En el original se juega con *to court*, «cortejar», y *to cart*, «llevar en carro».

[5] *To make a stale of me among these mates:* se juega con *stale*, «rancia, barata» y «prostituta»; *mates*, «compañeros, galanes» y *stale-mate*, la posición de cierre en una partida de ajedrez, por no poder mover ninguna pieza uno de los jugadores.

[6] Se juega con *mates* y *maid*.

CATALINA. A fe, señor, nunca tendréis que temerlo: esa idea sé muy bien que no le[7] ha llegado ni a medio camino de la cabeza: pero si llegara, no dudéis de que ella se cuidaría de peinaros la coronilla con una banqueta de tres patas y pintaros la cara y trataros como un tonto.

HORTENSIO. ¡Buen Dios, líbranos de todos estos males!

GREMIO. ¡Y a mí también, buen Dios!

TRANIO. ¡Silencio, amo! Aquí se presenta un buen pasatiempo: esa muchacha está loca de atar o es notablemente furiosa.

LUCENCIO. Pero en el silencio de la otra veo el dulce comportamiento y la modestia de una doncella. ¡Calla, Tranio!

TRANIO. Bien dicho, amo: ¡chitón!, y llénate los ojos.

BAUTISTA. Caballeros, para que pronto pueda cumplir lo que he dicho, tú, Blanca, entra en casa: y no lo tomes a mal, querida Blanca, pues no por eso te quiero menos, hija mía.

CATALINA. ¡Linda mimada! Sería mejor meterle el dedo en el ojo, para que supiera por qué llora.

BLANCA. Hermana, conténtate con mi descontento. Señor, humildemente obedezco tu voluntad: mis libros y mis instrumentos serán mi compañía, mirándoles y practicando con ellos a solas.

LUCENCIO. ¡Escucha, Tranio! Oirías hablar a Minerva.

HORTENSIO. *Signor* Bautista, ¿por qué esas rarezas? Lamento que nuestra buena voluntad produzca el dolor de Blanca.

GREMIO. ¿Por qué la encerráis en jaula, *signor* Bautista, por este demonio del infierno, y la hacéis soportar la penitencia de su lengua?

BAUTISTA. Caballeros, estad en paz: estoy decidido: entra, Blanca. *(Se va Blanca.)* Y, como yo sé que lo que más le gusta es la música, los instrumentos y la poesía, tendré maestros en mis casa capaces de instruir su juventud. Si vos, Hortensio, o vos, *signor* Gremio, conocéis alguno, enviádmelo aquí; pues con hombres sabios seré amable, y seré generoso en la buena educación de mis

[7] «Me ha llegado», hubiera sido más normal: el resto de la frase también va en tercera persona aunque Catalina habla de sí misma.

hijas: así que, adiós. Catalina, tú puedes quedarte; pues tengo más que hablar con Blanca. *(Se va.)*

CATALINA. Bueno, y supongo que yo también me podré ir, ¿no? ¡Qué! ¿Me van a fijar las horas como si no supiera yo qué tomar y qué dejar, eh? *(Se va.)*

GREMIO. Te puedes ir con la madre del diablo: tus dotes son tan buenas que no hay nadie que te retenga. El amor[8] no es tan grande, Hortensio, que no podamos soplarnos las uñas juntos para aguantar decentemente. Nuestro pastel sigue sin cocer por los dos lados. Adiós: pero, por el amor que tengo a mi dulce Blanca, si puedo de algún modo dar con un hombre apropiado para enseñarle lo que le gusta, se lo mandaré a su padre.

HORTENSIO. Yo también, *signor* Gremio: pero, una palabra, por favor. Aunque el carácter de nuestra discordia no admitió jamás parlamentar, sabed ahora, después de pensarlo bien, que, para volver a tener acceso a nuestra bella amada, y ser felices rivales en el amor de Blanca, nos toca esforzarnos y conseguir especialmente una cosa.

GREMIO. ¿Qué es, por favor?

HORTENSIO. Pardiez, señor, encontrarle marido a su hermana.

GREMIO. ¡Un marido! Un demonio.

HORTENSIO. Un marido, digo.

GREMIO. Yo digo un demonio. ¿Creéis, Hortensio, que, aunque su padre sea muy rico, ningún hombre es tan loco como para casarse con el infierno?

HORTENSIO. Silencio, Gremio; aunque supere a vuestra paciencia y a la mía aguantar sus ruidosos alborotos, en fin, hombre, hay buena gente en el mundo con tal que uno la sepa encontrar, y hay quien la aceptaría con todos sus defectos, y suficiente dinero.

GREMIO. No puedo decir: pero yo preferiría aceptar su dote con esta condición: que me azotaran todas las mañanas en la picota.

HORTENSIO. A fe, como decís, hay poco que elegir entre manzanas podridas. Pero vamos: puesto que este incon-

[8] Frase un tanto difícil: el sentido es: «su falta de amor nos deja tan desamparados al frío, que tendremos que soplarnos las manos juntos, y aguantar hasta que pase en ayunas».

veniente en el matrimonio nos hace amigos, que esto se mantenga amistosamente hasta que, ayudando a encontrar marido para la hija mayor de Bautista, dejemos libre para marido a la menor, y entonces volveremos a empezar. ¡Dulce Blanca! ¡Feliz el hombre que sea su compañero! El que corra más se llevará el anillo. ¿Qué decís, *signor* Gremio?

GREMIO. De acuerdo. Y de buena gana le daría el mejor caballo de Padua para que empezara a cortejarla al que le cortejara hasta el final, y se la llevase a casa, a la cama, y acabara con ella. Vamos allá. *(Se van Gremio y Hortensio.)*

TRANIO. Por favor, señor, decidme: ¿es posible que el amor tome de repente tal dominio?

LUCENCIO. ¡Ah, Tranio, hasta que encontré que era verdad, jamás pensé que fuera posible ni probable! Pero mira, mientras me quedaba ociosamente mirando, he notado el efecto del amor en la ociosidad: y ahora con franqueza te confesaré, a ti, Tranio, que eres para mí tan reservado y querido como Ana para la reina de Cartago[9], que ardo, languidezco y perezco, Tranio, si no consigo a esa muchacha modesta. Aconséjame, Tranio, porque sé que puedes: ayúdame, Tranio, porque sé que lo harás.

TRANIO. Amo, ahora no es momento de reprenderos; el cariño no se echa del corazón con sermones: si os ha tocado el amor, no queda nada más sino eso: *redime te captum quam queas minimo*[10].

LUCENCIO. Gracias, muchacho, ve adelante: eso me contenta: el resto me consolará, pues tu consejo es sano.

TRANIO. Amo, habéis mirado tan largamente a la muchacha que quizá no habéis notado lo que es la clave de todo.

LUCENCIO. Ah, sí: he visto en su rostro dulce belleza, como la que tuvo la hija de Agenor[11], que hizo humillarse al gran Júpiter a pedir su mano, cuando de rodillas besó la orilla cretense.

TRANIO. ¿No viste más? ¿No te fijaste cómo su hermana

[9] Ana, hermana y confidente de Dido, la Reina de Cartago, que amó a Eneas.

[10] «Rescátate del cautiverio por lo menos que puedas.»

[11] Europa, raptada por Júpiter en forma de toro.

empezó a regañar y levantó tal tormenta que apenas oídos mortales podían soportar el estrépito?

LUCENCIO. Tranio, yo vi sus labios de coral moverse, y con su aliento ella perfumó el aire: dulce y sagrado fue todo lo que vi en ella.

TRANIO. No, entonces, es hora de removerle de su éxtasis. Por favor, señor, despertad: si amáis a esta doncella, aplicad pensamientos e ingenio para conseguirla. La cosa está así: su hermana mayor es una arpía tan maldita que hasta que su padre se la quite de las manos, vuestro amor, amo, ha de vivir doncella en su casa; y por eso la ha enjaulado estrechamente, para que no la acosen pretendientes.

LUCENCIO. ¡Ah, Tranio, qué padre cruel es ése! Pero, ¿te has fijado que se tomó algún cuidado por buscar hábiles maestros que la instruyeran?

TRANIO. Sí, pardiez, sí, señor; y ya está hecho el plan.

LUCENCIO. Ya lo tengo, Tranio.

TRANIO. Por mi mano, amo, que nuestras dos invenciones se precipitan a reunirse en una sola.

LUCENCIO. Dime primero la tuya.

TRANIO. Seréis maestro y os ocuparéis de enseñar a la doncella: ése es vuestro recurso.

LUCENCIO. Ése es, ¿puede hacerse?

TRANIO. No es posible, pues, ¿quién desempeñará vuestro papel y será aquí en Padua el hijo de Vincencio, abrirá casa y se aplicará a los libros, recibirá a sus amigos, visitará a sus paisanos y los invitará a banquetes?

LUCENCIO. Basta: estáte contento, pues lo tengo resuelto. Todavía no nos han visto en ninguna casa, ni nos pueden distinguir por las caras como amo y criado; entonces, se sigue esto: tú serás el amo, Tranio, en mi lugar, y tendrás casa, prestigio y criados, como habría de tener yo: yo seré otro: algún florentino, algún napolitano, o algún pisano de clase baja. Esto he discurrido y esto se hará: Tranio, en seguida, despójate: toma mi sombrero de colores y mi capa: cuando venga Biondelo, que te sirva a ti; pero antes le aleccionaré para que contenga la lengua.

TRANIO. Así os será necesario. Con brevedad, señor, puesto que ése es vuestro placer y estoy sujeto a ser obediente (ya que vuestro padre me lo encargó al marchar:

«sé servicial para mi hijo», dijo, aunque creo que era en otro sentido), estoy contento con ser Lucencio, porque quiero mucho a Lucencio.

LUCENCIO. Tranio, sea así porque Lucencio ama: y déjame ser esclavo para conseguir a esa doncella cuya repentina visión ha subyugado mis ojos heridos. Ahí viene ese pícaro.

Entra Biondelo.

Mozo, ¿dónde has estado?

BIONDELO. ¿Que dónde he estado? Pues, ¿qué hay? ¿Dónde estáis? Amo, ¿mi compañero Tranio os ha robado la ropa? ¿O le habéis robado las suyas? ¿O las dos cosas? Por favor, ¿qué hay de nuevo?

LUCENCIO. Mozo, ven acá: no es momento para bromas, así que acomoda tus maneras al tiempo. Tu compañero Tranio, para salvarme la vida, se ha revestido de mis ropas y mi aspecto, y yo, para salvarme, me he puesto lo suyo; pues en una riña, recién desembarcado, maté a un hombre y me temo que me han descubierto: sírvele a él, te encargo, como convenga, mientras yo me marcho de aquí para salvar mi vida: ¿me entiendes?

BIONDELO. ¡Yo, señor! Ni pizca.

LUCENCIO. Pues ni jota de Tranio en tu boca: Tranio se ha cambiado en Lucencio.

BIONDELO. Suerte que tiene: ¡ojalá yo también me cambiara!

TRANIO. Y yo también, a fe, muchacho, para conseguir su siguiente deseo, esto es, que Lucencio consiga a la hija menor de Bautista. Pero, mozo, no por mí, sino por tu amo, te aconsejo que uses de tus maneras con discreción en toda clase de compañías: cuando yo esté solo, bien, entonces soy Tranio; pero en cualquier otro sitio, soy tu amo Lucencio.

LUCENCIO. Vamos, Tranio; queda otra cosa más, que tú mismo has de hacer: ser uno más entre sus cortejadores: si me preguntas por qué, baste que mis razones son buenas y poderosas. *(Se van.)*

Hablan los personajes del Prólogo.

CRIADO PRIMERO. Señor, dais cabezadas: no os importa la comedia.

SLY. Sí, por Santa Ana: una buena cosa, desde luego; ¿queda todavía más?

PAJE. Señor, no ha hecho más que empezar.
SLY. Es un excelente trabajo, señora dama: ojalá estuviera terminado. *(Se sientan a mirar.)*

ESCENA II

[Padua. Ante la casa de Hortensio]

Entran Petrucho y su criado Grumio.

PETRUCHO. Verona, me despido de ti por algún tiempo para ver a mis amigos de Padua, y entre todos, al más querido y probado amigo, Hortensio: y supongo que ésta es su casa. A ver, mozo, Grumio: oye, da un golpe.
GRUMIO. ¡Que dé un golpe, señor! ¿A quién he de dar un golpe? ¿Hay alguno que haya *vilipensado* a Vuestra Señoría?
PETRUCHO. Villano, digo que me des ahí un golpe bien fuerte.
GRUMIO. ¡Daros un golpe ahí, señor! Pero, señor, ¿quién soy yo para daros un golpe ahí, señor?
PETRUCHO. Villano, digo que me des un golpe en esa puerta, y que suene bien, o te daré un golpe en tu cholla de villano.
GRUMIO. Mi amo se ha puesto pendenciero. Debería daros yo un golpe antes, y luego sabría a quién le iba peor.
PETRUCHO. ¿No ha de ser? A fe, mozo, que si no das un golpe, tiraré de la campanilla: probaré cómo entonas la solfa. *(Le tira de las orejas.)*
GRUMIO. ¡Socorro, señores, socorro! Mi señor está loco.
PETRUCHO. ¡Bueno, pues golpea cuando te lo digo, granuja de mozo!
Entra Hortensio.
HORTENSIO. ¿Qué hay? ¿Qué pasa? ¡Mi viejo amigo Grumio! ¡Y mi buen amigo Petrucho! ¿Cómo os va a todos en Verona?

PETRUCHO. Señor Hortensio, ¿venís a separar la pelea? *Con tutto il core ben trovato*, puedo decir.

HORTENSIO. *Alla nostra casa ben venuto, molto honorato signor mio Petruccio*[12]. Levántate, Grumio, levántate: arreglaremos esta riña.

GRUMIO. No, no importa, señor, lo que dice en latín[13]. Si no es ésta una causa legítima para que deje su servicio, mirad, señor, me pide que le dé un golpe y le pegue con ruido: bueno, ¿está bien que un criado trate a su amo así, cuando tiene quizá, por lo que veo, treinta y dos años y pico? Si Dios hubiera hecho que yo fuera el primero en pegar, entonces Grumio no habría llevado la peor parte.

PETRUCHO. ¡Villano insensato! Buen Hortensio, mandé a este bribón que diera un golpe en vuestra puerta, y no conseguí por mi vida que lo hiciera.

GRUMIO. ¡Dar un golpe en la puerta! ¡Ah cielos! ¿No me dijisteis claramente estas palabras: «Mozo, dame ahí un golpe, pégame aquí, dame bien y dame fuerte»? ¿Y ahora salís con dar un golpe en la puerta?

PETRUCHO. Mozo, vete, o no hables, te lo aconsejo.

HORTENSIO. Paciencia, Petrucho: yo respondo por Grumio: en fin, es un triste suceso entre tú y él, tu antiguo, leal y agradable criado Grumio. [*Se apartan.*] Y dime ahora, dulce amigo, ¿qué feliz viento te sopla aquí a Padua desde la vieja Verona?

PETRUCHO. El viento que dispersa a los jóvenes por el mundo, para buscar fortuna más bien que en la patria, donde se adquiere poca experiencia. Pero en pocas palabras, *signor* Hortensio, me pasa esto: Antonio, mi padre, ha muerto; y yo me he echado en este laberinto a ver si me caso y prospero lo mejor que pueda: tengo coronas en mi bolsa y bienes en casa, y así he salido por ahí a ver el mundo.

HORTENSIO. Petrucho, ¿puedo entonces hablarte con franqueza y proponerte una esposa furiosa y de mal humor? Me agradecerías muy poco mi consejo, pero te prometo que serás rico, y muy rico; sin embargo, eres

[12] «Con todo el corazón, bien hallado». «Bien venido a nuestra casa, muy estimado señor mío Petrucho».

[13] Al público de Shakespeare, esas frases italianas le sonarían a latín: por lo demás, se rompe deliberadamente la verosimilitud, como si el Grumio real no hubiera de saber italiano.

demasiado amigo mío, y no te desearé que te cases con ella.

PETRUCHO. *Signor* Hortensio, entre amigos tales como nosotros, pocas palabras bastan, así que, si conoces a una lo bastante rica como para ser mujer de Petrucho (pues el oro es el bordón de mi danza cortejadora), aunque sea tan fea como el amor de Florencio[14], tan vieja como la Sibila, y tan maldiciente y furiosa como la Jantipa de Sócrates, o peor, no me importa, o, por lo menos, no le quita el filo a mi afecto, aunque sea tan áspera como las olas hinchadas del Adriático. He venido a buscar boda ventajosa en Padua: si hay riqueza, entonces seré feliz en Padua.

GRUMIO. Bueno, ya veis, amo, que os dice claramente lo que piensa: si le dais bastante oro, casadle con una muñeca o un monigote[15], o con una vieja dueña sin un diente en la boca, aunque tenga más enfermedades que cincuenta y dos caballos: en fin, nada está mal, con tal que haya dinero a la vez.

HORTENSIO. Petrucho, puesto que hemos llegado a este punto, seguiré adelante lo que empecé en broma. Puedo, Petrucho, ayudarte a conseguir una mujer con bastante riqueza, y joven y bella, educada del mejor modo que conviene a una noble dama: su único defecto, y ya es bastante defecto, es que es intolerablemente áspera, una furia atrevida, tan fuera de medida, que, aunque mi situación fuera peor de lo que es, no me casaría con ella por una mina de oro.

PETRUCHO. ¡Hortensio, calla! Tú no conoces los efectos del oro: dime cómo se llama su padre, y basta: pues la abordaré, aunque grite tan fuerte como el trueno cuando estallan las nubes en otoño.

HORTENSIO. Su padre es Bautista Minola, caballero cortés y afable: ella se llama Catalina Minola, famosa en Padua por su lengua afilada.

PETRUCHO. Conozco a su padre, aunque no la conozco a ella, y él conocía mucho a mi difunto padre. No dor-

[14] Alusión a la leyenda de Florencio, que había de contestar al enigma «¿Qué desean más las mujeres?». Una vieja le prometió resolvérselo si se casaba con ella: al casarse, se convirtió en una bella dama.

[15] *Aglet-baby*, figurilla que remataba los cordones que sujetaban el jubón a las calzas.

miré, Hortensio, antes de verla, así que permíteme tener el atrevimiento de abandonarte en este primer encuentro, a no ser que quieras acompañarme allí.

GRUMIO. Por favor, señor, dejadle que vaya mientras le dura el humor. Palabra, que si ella le conociera tan bien como yo, pensaría que el regañar le haría poco efecto: quizá le podrá llamar «villano» veinte veces, pero eso no es nada: si él empieza una sola vez, la insultará con sus *roto-ricas*[16]. Oíd lo que os digo, señor: si ella le hace frente un poco, él le tirará a la cara una figura[17], desfigurándola tanto que no le quedarán ojos ni para ver un gato. No le conocéis, señor.

HORTENSIO. Espera, Petrucho; tengo que ir contigo; pues mi tesoro está bajo la custodia de Bautista: él tiene en su poder la joya de mi vida, su hija menor, la hermosa Blanca, y la aparta de mí y de otros más, pretendientes de ella y rivales de mi amor, suponiendo que es cosa imposible, por esos defectos que antes he dicho, que Catalina sea jamás cortejada; por lo que Bautista ha dispuesto que nadie tenga acceso a Blanca mientras Catalina la maldiciente no tenga marido.

GRUMIO. ¡Catalina la maldiciente! El título peor de todos para una doncella.

HORTENSIO. Ahora mi amigo Petrucho me hará un favor, presentándome disfrazado con sobrias vestiduras como un maestro famoso de música, para instruir a Blanca; para que, con ese recurso, al menos tenga licencia y ocasión para enamorarla y cortejarla a solas sin sospechas.

GRUMIO. ¡No es ninguna villanía! Ved cómo los jóvenes se entienden para engañar a los viejos.

Entran Gremio y Lucencio, disfrazados.

Amo, amo, mira: ¿quién va por ahí, eh?

HORTENSIO. Calla, Grumio, es mi rival en amor. Petrucho, apartémonos un momento.

GRUMIO. ¡Un jovenzuelo como es debido y un enamorado!

GREMIO. Ah, muy bien, he leído la nota. Escuchad, señor, quiero que estén bien encuadernados: todos ellos,

[16] «Retóricas»: en el original *rethorics* está deformado en *rope-tricks*, «juegos de cuerda».
[17] Una figura retórica.

libros de amor, mirad que sea a cualquier costo; y no le leáis otras lecturas: ya me entendéis. Además de la liberalidad del señor Bautista, yo lo compensaré con largueza. Tomad también vuestro papel, y haced que estén muy bien perfumados: pues aquella a quien van es más aromática que el mismo olor. ¿Qué le vais a leer?

LUCENCIO. Le lea lo que le lea, argüiré por ti como por mi protector: puedes estar seguro, tan firmemente como si estuvieras en mi lugar: sí, y quizá con palabras de más éxito que tú, a no ser que seas un sabio.

GREMIO. ¡Ah, esta enseñanza, qué cosa es!

GRUMIO. ¡Ah este ganso, qué burro es!

PETRUCHO. ¡Calla, mozo!

HORTENSIO. ¡Grumio, chitón! Dios os guarde, *signor* Gremio.

GREMIO. Bien hallado, *signor* Hortensio. ¿Os imagináis adónde voy? A casa de Bautista Minola. Prometí buscar cuidadosamente un maestro para la bella Blanca: y, por suerte, he acertado con este joven, apropiado para lo que ella necesita en sabiduría y conducta, muy docto en poesía y en otros buenos libros, os lo aseguro.

HORTENSIO. Está bien: y yo he encontrado un caballero que me ha prometido procurarme otro, un buen músico para instruir a nuestra dama: así que no me quedaré atrás ni pizca en servir a la bella Blanca, tan amada por mí.

GREMIO. Amada por mí, y mis hechos lo probarán.

GRUMIO. Y eso se lo probarán sus bolsas.

HORTENSIO. Gremio, ahora no es momento para discutir nuestro amor: escuchadme, y si me habláis bien, os daré noticias igualmente buenas para los dos. Aquí hay un caballero a quien encontré por casualidad, y que, complaciéndole nuestra oferta, se pondrá a cortejar a la maldiciente Catalina, sí, para casarse con ella, si le parece bien la dote.

GREMIO. Dicho y hecho; está bien. Hortensio, ¿le has dicho todos sus defectos?

PETRUCHO. Sé que ella es una regañona enojosa y furiosa: si eso es todo, señores, no recibiré daño.

GREMIO. ¿Decís que no, amigo? ¿De dónde sois?

PETRUCHO. He nacido en Verona, hijo del viejo Antonio: muerto mi padre, mi fortuna vive para mí; y espero ver largos días felices.

GREMIO. ¡Ah, señor, tal vida, con tal mujer, sería difícil! Pero si tenéis estómago para ello, a ello, en nombre de Dios: me tendréis en vuestra ayuda. Pero, ¿vais a cortejar a esa gata salvaje?

PETRUCHO. ¿Voy a vivir?

GRUMIO. ¿La va a cortejar? Sí, o la ahorcaré a ella.

PETRUCHO. ¿Para qué vine aquí sino con esa intención? ¿Pensáis que un poco de estrépito me puede embotar los oídos? ¿No he oído en mis tiempos rugir leones? ¿No he oído el mar, agitado por los vientos, enfurecerse como un jabalí iracundo empapado en sudor? ¿No he oído yo grandes cañones en campaña, y la artillería del cielo tronando en los cielos? ¿No he oído, en una batalla indecisa, ruidosos toques al arma, corceles relinchantes y trompetas resonantes? ¿Y me vienes a hablar de una lengua de mujer, que no hace ni la mitad de ruido con su disparo que una castaña en la lumbre de un labrador? Bah, bah: asusta a los niños con el coco.

GRUMIO. Pues éste no teme a nadie.

GREMIO. Hortensio, escucha: este caballero, me parece, ha llegado para su bien y para el nuestro.

HORTENSIO. Prometí que colaboraríamos para asumir los gastos de su cortejamiento, cualquiera que fuera.

GREMIO. Y así será, con tal que él la consiga.

GRUMIO. Querría estar tan seguro de una buena comida.

Entran Tranio, espléndidamente vestido [como Lucencio] y Biondelo.

TRANIO. Caballeros, Dios os guarde. Si puedo atreverme, os ruego que me digáis cuál es el camino más corto a casa del señor Bautista Minola.

BIONDELO. El que tiene dos bellas hijas: ¿es ése el que decís?

TRANIO. Ese mismo, Biondelo.

GREMIO. Escuchad, señor; no os referiréis a la...

TRANIO. Quizá me refiero a él y a ella: ¿qué tenéis que decir?

PETRUCHO. En todo caso, señor, no a la regañona, por favor.

TRANIO. No me gustan regañonas, señor. Biondelo, vamos allá.

LUCENCIO [*aparte*]. Bien comenzado, Tranio.

HORTENSIO. Señor, una palabra, antes que os vayáis: ¿sois un pretendiente de la muchacha de que habláis, sí o no?

TRANIO. Y si lo soy, ¿qué tiene de malo?

GREMIO. Nada, si os marcháis de aquí sin más palabras.

TRANIO. ¿Por qué, señor, por favor? ¿No están las calles tan libres para mí como para vos?

GREMIO. Pero ella no.

TRANIO. ¿Por qué razón, os suplico?

GREMIO. Por la razón, si queréis saberlo, de que es el amor elegido del *signor* Gremio.

HORTENSIO. De que es la elegida del *signor* Hortensio.

TRANIO. ¡Silencio, señores! Si sois caballeros, hacedme este favor: oídme con paciencia. Bautista es un noble caballero que conoce algo a mi padre, y su hija, aunque fuera más bella de lo que es, podría tener más pretendientes, y yo ser uno de ellos. La bella hija de Leda[18] tuvo mil cortejadores: entonces, bien puede tener uno más la bella Blanca; y así será: Lucencio será uno de ellos, aunque viniera Paris, con esperanza de tener suerte él solo.

GREMIO. ¡Vaya, este caballero nos quiere ganar a todos hablando!

LUCENCIO. Señor, dejadle ir a rienda suelta: sé que se demostrará un burro[19].

PETRUCHO. Hortensio, ¿a qué vienen todas estas palabras?

HORTENSIO. Dejad que me atreva a preguntaros: ¿habéis visto jamás a la hija de Bautista?

TRANIO. No, señor, pero he oído decir que tiene dos, tan famosa la una por su lengua afilada como la otra por su bella modestia.

PETRUCHO. Señor, señor, la primera es para mí: dejadla en paz.

[18] Helena de Troya: de ahí la inmediata alusión a Paris.
[19] Literalmente, *a jade*, un jamelgo fatigado e inútil.

GREMIO. Sí, dejadle ese trabajo al gran Hércules: y será mayor que las doce de Alcides[20].

PETRUCHO. Señor, entendedme esto en serio: la hija menor, por la que tanto enloquecéis, está encerrada por su padre contra todo acceso de pretendientes, sin prometerla con nadie mientras no se case antes la hermana mayor: entonces, y no antes, quedará libre la menor.

TRANIO. Si así es, señor, y sois el hombre que nos va a ayudar a todos, y a mí entre los demás; y si rompéis el hielo y hacéis esta hazaña de conseguir a la mayor y dejar a la menor libre para nuestro acceso, aquel que tenga la fortuna de conseguirla no tendrá tan poca gracia como para ser ingrato.

HORTENSIO. Señor, bien decís y bien lo entendéis; y, puesto que afirmáis ser un pretendiente, debéis, como nosotros, recompensar a aquel a quien todos quedamos universalmente agradecidos.

TRANIO. Señor, no seré remiso: en señal de lo cual, dignaos pasar conmigo esta tarde, y haremos brindis a la salud de nuestra dama, y, como hacen los adversarios en buena ley, lucharemos con energía, pero comeremos y beberemos como amigos.

GRUMIO Y BIONDELO. ¡Estupenda idea! Amigos, vayamos.

HORTENSIO. La idea, en efecto, es buena: ¡sea así! Petrucho, seré vuestro anfitrión. *(Se van.)*

[20] Alcides, otro nombre del mismo Hércules: alusión a los «doce trabajos» de Hércules.

ACTO SEGUNDO

ESCENA PRIMERA

[Padua. Cuarto en casa de Bautista]

Entran Catalina y Blanca[1].

BLANCA. Buena hermana, no me hagas agravio, ni te lo hagas a ti misma, haciéndome esclava y sierva, cosa que desprecio. Y en cuanto a esos otros ornamentos, desátame las manos y yo misma me los quitaré, sí, todos mis vestidos, hasta la enagua: o haré lo que me quieras mandar, pues conozco muy bien mi deber para quien es mayor que yo.

CATALINA. Te mando que me digas a quién prefieres entre todos tus pretendientes: y mira no finjas.

BLANCA. Créeme, hermana: de todos los hombres vivos, jamás he observado ese rostro singular que se me pudiera antojar más que ningún otro.

CATALINA. Mientes, niña. ¿No es Hortensio?

BLANCA. Si le quieres tú, hermana, te juro aquí que hablaré yo misma a tu favor, con tal que le obtengas.

CATALINA. Ah, entonces quizá te gustan más las riquezas: tendrás a Gremio para que te trate bien.

BLANCA. ¿Por ése es por quien me envidias? No, entonces bromeas, y ahora me doy cuenta de que no has hecho más que bromear conmigo en todo este tiempo: por favor, Cata, déjame las manos libres.

CATALINA. Si eso era broma, entonces todo lo demás lo era. *(La golpea.)*

[1] *Blanca, con las manos atadas:* añaden algunos editores.

Entra Bautista.

BAUTISTA. ¡Eh! ¿Qué es eso, señorita? ¿A qué viene esa insolencia? Blanca, apártate. ¡Pobre muchacha! Está llorando. Vete a coser: no andes en palabras con ésta. Qué vergüenza, grosera de alma diabólica, ¿por qué has ofendido a la que nunca te ofende? ¿Cuándo te ha molestado con una palabra agria?

CATALINA. Con su silencio se burla de mí, y me vengaré. *(Sale corriendo detrás de Blanca.)*

BAUTISTA. ¿Qué, ante mi vista? Blanca, vete adentro. *(Se va Blanca.)*

CATALINA. ¿Qué, no me quieres soportar? Sí, ya veo que ella es tu tesoro, ella debe encontrar marido: yo tendré que bailar descalza el día de su boda, y, por el cariño que le tienes, quedarme para vestir santos[2]. No me hables: me sentaré a llorar hasta que pueda encontrar ocasión de venganza. *(Se va.)*

BAUTISTA. ¿Ha habido nunca un caballero tan afligido como yo? Pero, ¿quién viene?

Entran Gremio, Lucencio vestido de hombre del pueblo, Petrucho, con Hortensio en traje de músico; y Tranio, con Biondelo llevando un laúd y libros.

GREMIO. Buenos días, vecino Bautista.

BAUTISTA. Buenos días, vecino Gremio. ¡Dios os guarde, caballeros!

PETRUCHO. Y a vos, buen caballero: por favor, ¿no tenéis una hija llamada Catalina, bella y virtuosa?

BAUTISTA. Tengo una hija, señor, llamada Catalina.

GREMIO. Sois muy grosero; id poco a poco.

PETRUCHO. Me agraviáis, *signor* Gremio: dejadme en paz. Yo, señor, soy un caballero de Verona, que, al oír hablar de su belleza y de su ingenio, de su afabilidad y su pudorosa modestia, de sus prodigiosas cualidades y bondadosa conducta, me atrevo a presentarme como atrevido visitante en vuestra casa, para que mis ojos den testimonio sobre esas noticias que tantas veces he oído. Y, como preámbulo a mi función, os presento un hombre mío [*presenta a Hortensio*], versado en música

[2] «Bailar descalza...», alusión a una antigua costumbre, para escarnecer a las hermanas mayores cuando se casaba una hermana menor: la expresión «quedarse para vestir santos», como «quedar solterona», en el original inglés es *to lead apes in hell*, «llevar monos al infierno».

y en matemáticas, para que la instruya plenamente en esas ciencias, en las que sé que no es ignorante: aceptadle, o de otro modo me haréis agravio: se llama Licio, y ha nacido en Mantua.

BAUTISTA. Sois bien venido, señor, y él, en obsequio a vos. Pero en cuanto a mi hija Catalina, lo que sé es que no os va bien, con gran dolor mío.

PETRUCHO. Ya veo que no queréis separaros de ella, o si no, es que no os gusta mi compañía.

BAUTISTA. No me entendáis mal: hablo como pienso. ¿De dónde venís, señor? ¿Con qué nombre puedo llamaros?

PETRUCHO. Mi nombre es Petrucho, hijo de Antonio, hombre bien conocido en toda Italia.

BAUTISTA. Le conozco mucho: sois bien venido por él.

GREMIO. Sin perjuicio vuestro, Petrucho, os ruego que hablemos también nosotros, pobres pretendientes: ¡caramba!, vais prodigiosamente adelantado.

PETRUCHO. Ah, perdonadme, *signor* Gremio: querría meter mano pronto.

GREMIO. No lo dudo, señor, pero maldeciréis vuestro cortejamiento. Vecino, es un don muy de agradecer, estoy seguro. Para expresar análogo afecto, yo también, que os estoy más afectuosamente agradecido que nadie, os entrego libremente a este joven sabio [*presenta a Lucencio*], que ha estudiado mucho tiempo en Rheims; tan versado en griego, latín y otros idiomas, como este otro en música y matemáticas[3]. Se llama Cambio: por favor, aceptad sus servicios.

BAUTISTA. Mil gracias, *signor* Gremio. Bien venido, buen Cambio. Pero, amable señor [*a Tranio*], me parece que tenéis aire de forastero. ¿Puedo atreverme a conocer la causa de vuestra venida?

TRANIO. Perdonad, señor, yo soy el atrevido, pues, siendo forastero en esta ciudad, me hago pretendiente de vuestra hija, de Blanca, bella y virtuosa, prefiriéndola a la hermana mayor. Todo lo que pido es el permiso de que, conociéndose quiénes son los míos, pueda ser bien recibido entre los demás que cortejan, con libre acceso y favor como el resto: y, en cuanto a la educa-

[3] En los estudios medievales y renacentistas, la música y las matemáticas formaban una unidad.

ción de vuestras hijas, traigo aquí un simple instrumento, y este paquetito de libros griegos y latinos: si los aceptáis, entonces su valor será grande.

BAUTISTA. ¿Os llamáis Lucencio? ¿De dónde sois, por favor[4]?

TRANIO. De Pisa, señor; hijo de Vincencio.

BAUTISTA. Hombre poderoso de Pisa; por noticias le conozco bien: sois bien venido, señor. Tomad el laúd [*a Hortensio*], y vos los libros [*a Lucencio*], y en seguida veréis a vuestras discípulas. ¡Eh, los de dentro!

Entra un Criado.

Mozo, lleva a estos caballeros ante mis hijas, y diles que son sus maestros: diles que los traten bien. *(Se va el Criado, y le siguen Hortensio y Biondelo.)* Pasearemos un poco por el jardín, y luego, a comer. Sois muy bien venidos para mí, y os ruego a todos que os consideréis así.

PETRUCHO. *Signor* Bautista, mi asunto requiere prisa, y no puedo venir todos los días a pretender. Conocisteis muy bien a mi padre, y en él, a mí, que he quedado como único heredero de todas sus tierras y bienes, prefiriendo aumentarlos antes que menguarlos: decidme entonce, si obtengo el amor de vuestra hija, ¿qué dote recibiré con ella como esposa?

BAUTISTA. A mi muerte, la mitad de mis tierras, y en efectivo, veinte mil coronas.

PETRUCHO. Y, a cambio de esa dote, le aseguraré, en su viudez, si me sobrevive, todas mis tierras y rentas, cualesquiera que sean: redactemos los detalles entre nosotros para que se pueda observar el contrato por ambas partes.

BAUTISTA. Sí, cuando esté bien conseguida esa determinada cosa, o sea, su amor: pues eso es todo.

PETRUCHO. Bah, eso no es nada: pues os digo, padre, que yo soy tan perentorio como ella orgullosa; y cuando se reúnen dos fuegos feroces, consumen lo que alimenta su furia: aunque el poco fuego se hace grande con poco viento, en cambio, las ráfagas extremadas apagan el fuego y todo: así, yo cederé ante ella y ella ante mí; pues yo soy duro y no cortejaré como un niño.

[4] Falta algo en el texto: Tranio, el fingido Lucencio, no ha dicho su supuesto nombre.

BAUTISTA. ¡Bien puedes cortejar, y feliz sea tu resultado! Pero ármate para unas pocas palabras desdichadas.

PETRUCHO. Sí, con armadura: como las montañas contra los vientos, sin moverse aunque ellos soplen perpetuamente.

Vuelve a entrar Hortensio, con la cabeza rota.

BAUTISTA. ¿Qué hay, amigo mío? ¿Por qué estás tan pálido?

HORTENSIO. Es de miedo, os lo aseguro, si estoy pálido.

BAUTISTA. ¿Qué, resultará mi hija una buena música?

HORTENSIO. Creo que antes resultará un buen soldado: el hierro la puede resistir, no un laúd.

BAUTISTA. ¡Qué! Entonces, ¿no sois parte para que toque el laúd?

HORTENSIO. No, porque ella me lo parte en la cabeza[5]. No le dije sino que se equivocaba de trastes, y le plegué la mano para enseñarle a poner los dedos, y entonces, con humor diabólico e impaciente, me dijo: «¿Trastes los llamáis? Yo daré al traste con ellos»[6]. Y, diciendo esas palabras, me golpeó en la cabeza, y mi mollera se abrió paso por el instrumento, y allí me quedé un rato aturdido, como en una picota, mirando a través del laúd, mientras ella me llamaba bribón rascatripas y murguista desgraciado, con otros veinte términos tan viles como si hubiera estudiado para insultarme así.

PETRUCHO. Entonces, por todo el mundo, es una muchacha animosa: la quiero diez veces más de lo que la quería: ¡ah, qué ganas tengo de charlar un poco con ella!

BAUTISTA. Bueno, venid conmigo y no os desaniméis tanto: continuad la enseñanza con mi hija menor; ella es capaz de aprender y agradece el bien que se le hace. *Signor* Petrucho, ¿queréis venir con nosotros o preferís que mande acá a mi hija Cata?

PETRUCHO. Mandadla, por favor: la esperaré aquí *(se van Bautista, Gremio, Tranio y Hortensio)*, y la cortejaré con buen ánimo cuando venga. Supongamos que

[5] En el original se juega con *break her to the lute* y *she hath broke the lute to me.*

[6] *Fret*, «traste», juega con la frase hecha *to fret and fume*, «agitarse y enojarse» *(I'll fume with them...).*

chilla: bueno, pues le diré claramente que canta tan dulcemente como un ruiseñor; digamos que se pone ceñuda: diré que tiene tan claro aspecto como las rosas mañaneras recién lavadas con rocío; digamos que se calla y no quiere decir una palabra: entonces elogiaré su elocuencia y diré que habla con penetrante elocuencia: si me manda al cuerno, le daré las gracias como si me pidiera que me quedara una semana; si se niega a casarse, preguntaré qué día se hacen las amonestaciones y cuándo son las bodas. Pero ahí viene: habla ahora, Petrucho.

Entra Catalina.

Buenos días, Cata: pues ése es tu nombre, he oído decir.

CATALINA. Bien habéis oído, pero sois un poco duro de oído: me llaman Catalina los que hablan de mí.

PETRUCHO. Mientes, a fe, pues te llaman Cata a secas, Cata la caprichosa, y a veces Cata la maldita; pero Cata, la más linda Cata de la Cristiandad, Cata de Villa-Cata, la Cata que yo quiero catar en catarata[7], así pues, Cata, acátame y acéptame[8] esto, Cata de mi consuelo: al oír elogiar tu bondad en todas las ciudades, hablar de tus virtudes, y ensalzar tu belleza, aunque no tan profundamente como te era debido, me he movido a pretenderte por mujer.

CATALINA. ¡Te has movido! En buena hora; pues, como te has movido para venir, muévete para marcharte; desde el primer momento me di cuenta de que eres muy mueble.

PETRUCHO. ¿Cómo un mueble?

CATALINA. Una banqueta de tres patas.

PETRUCHO. Has acertado: ven a sentarte encima de mí.

CATALINA. Los burros están hechos para las cargas, y tú, también.

PETRUCHO. Las mujeres están hechas para cargarse de hijos, y tú también[9].

CATALINA. No soy tan burra como tú, si hablas de mí.

PETRUCHO. ¡Ay, buena Cata, yo no te cargaré, pues, sabiendo que eres joven y ligera...!

[7] Sustituimos el juego entre *cate* y *dainty*, «golosina».
[8] Se juega con *Kate* y *take*.
[9] *Bear*, «sobrellevar» y «concebir, parir».

CATALINA. Demasiado ligera para que me alcance un zote como tú: pero de mi peso, eso nada me quita[10].
PETRUCHO. ¡Que no te quita, mosquita!
CATALINA. Bien dicho; tú eres un moscón.
PETRUCHO. ¡Ah, mosquita de lento vuelo! ¿Te pillará un moscón?
CATALINA. Si la mosquita no se amosca.
PETRUCHO. Vamos, vamos, mosquita, que pareces una avispa.
CATALINA. Pues si soy avispa, cuidado con mi aguijón.
PETRUCHO. ¿Quién no sabe dónde tiene el aguijón una avispa? En la cola.
CATALINA. En la lengua.
PETRUCHO. ¿En la lengua de quién?
CATALINA. En la tuya, si hablas de colas: así que adiós.
PETRUCHO. ¡Qué! ¿Con mi lengua llevándote la cola[11]? No, vuelve otra vez, Cata: soy un caballero...
CATALINA. Lo voy a probar. *(Le abofetea.)*
PETRUCHO. Si me vuelves a pegar, te juro que te abofeteo.
CATALINA. Entonces quedarías desarmado: si me pegas, no eres caballero, y si no eres caballero, pierdes las armas[12].
PETRUCHO. ¿Eres rey de armas, Cata? ¡Ah, ponme en tus libros!
CATALINA. ¿Qué llevas por cimera? ¿Una cresta[13]?
PETRUCHO. Un gallo alicaído[14], con tal que Cata sea mi gallina.
CATALINA. No eres buen gallo para mí: cacareas como un capón.
PETRUCHO. Ea, ven, Cata, ven: no te pongas tan ácida.
CATALINA. Es lo que me pasa cuando veo una manzana podrida.

[10] Desde aquí, hacemos algunas sustituciones en la cadena de juegos de palabras: *as heavy as my weight should be: be*, «ser», juega con *bee*, «abeja»; de ahí se pasa a *buzz*, «zumbar», y *buzzard*, «buharro», contrapuesto a *turtle*, «tórtola», para pasar entonces a la «avispa» que hemos puesto también en la traducción.
[11] Se ha jugado con *tale*, «cuento, dicho», y *tail*, «cola».
[12] Se juega con *arms*, «armas» y «brazos».
[13] *Coxcomb*, alude a la vez al gallo y al gorro de bufón, por lo que significa «estúpido».
[14] *Craven*, «gallo cobarde» y «el que abandona un combate».

PETRUCHO. Pues aquí no hay manzanas podridas, así que nada de ácido.
CATALINA. Sí que la hay, sí que la hay.
PETRUCHO. Enséñamela entonces.
CATALINA. Te la enseñaría si tuviera un espejo.
PETRUCHO. ¿Qué, quieres decir mi cara?
CATALINA. Bien acertado para ser tan jovencito.
PETRUCHO. Vamos, por San Jorge, soy muy jovencito para ti.
CATALINA. Pero ya estás marchito.
PETRUCHO. Eso es por lo mucho que soporto.
CATALINA. No me importa que soportes.
PETRUCHO. No, oye, Cata: de veras que no te escaparás así.
CATALINA. Si me quedo, te enojaré: déjame marchar.
PETRUCHO. No, ni pizca: te encuentro muy amable. Me habían dicho que eras áspera y esquiva y malhumorada, y ahora encuentro que la noticia era un puro embuste; pues eres placentera, alegre y muy cortés, pero lenta de palabra, aunque dulce como las flores de primavera: no eres capaz de ponerte ceñuda, no sabes mirar de soslayo, ni te muerdes los labios, como las muchachas iracundas, ni encuentras placer en llevar la contraria al hablar, sino que entretienes a tus pretendientes con benevolencia, con amable conversación, suave y afable. ¿Por qué el mundo dice que Cata renquea? ¡Ah mundo calumnioso! Cata es derecha y esbelta como una rama de avellano, y tan parda de color como las avellanas, y más dulce que las almendras. Ah, déjame ver cómo andas: no, no renqueas.
CATALINA. Vete, imbécil, a mandar a quien pagues.
PETRUCHO. ¿Embelleció jamás Diana un bosquecillo tanto como Cata este cuarto con sus principescos andares? Ah, sé tú Diana[15], y que Diana sea Cata; y entonces que Cata sea casta y Diana lasciva.
CATALINA. ¿Dónde has estudiado todos esos bonitos discursos?
PETRUCHO. Los improviso, con mi ingenio materno.
CATALINA. ¡Ingeniosa madre! Por lo demás, un hijo sin ingenio.

[15] Diosa de la castidad y de la caza.

PETRUCHO. ¿No soy inteligente?

CATALINA. Sí, no te enfríes.

PETRUCHO. Pardiez, eso pretendo, dulce Catalina, en tu cama: así que, dejando a un lado toda esta cháchara, hablemos con palabras claras: tu padre ha consentido en que seas mi mujer: tu dote está fijada: y yo me casaré contigo, quieras que no. Pero, Cata, soy un marido como para ti: pues, por esta luz con que veo tu belleza, tu belleza, que hace que tanto me gustes, no debes casarte con otro hombre sino yo; pues yo soy el que ha nacido para domarte, Cata, y convertirte de Cata salvaje en gata mansa como cualquier gatita casera[16]. Ahí viene tu padre: no le digas que no: yo debo y quiero tener a Catalina por mujer.

Vuelven a entrar Bautista, Gremio y Tranio.

BAUTISTA. Bueno, *signor* Petrucho, ¿cómo adelantáis con mi hija?

PETRUCHO. ¿Cómo, si no bien? ¿Cómo, si no bien? Sería imposible que me fuera mal.

BAUTISTA. ¿Qué hay, hija Catalina? ¿De mal humor?

CATALINA. ¿Me llamas hija? Pues te aseguro que has demostrado tierna consideración paternal al desear que me case con uno medio loco; un bufón granuja, un villano mal hablado, que cree arreglárselas con juramentos.

PETRUCHO. Padre, pasa esto: vos mismo y todo el mundo que habla de ella, habláis engañados. Si ella es maldiciente, es por política, pues no es atrevida, sino modesta como la paloma; no es acalorada, sino templada como la mañana; por su paciencia, resultará una segunda Griselda[17], y una Lucrecia romana en su castidad: y, para concluir, nos hemos puesto tan bien de acuerdo, que el domingo es el día de nuestra boda.

CATALINA. Antes te veré ahorcar el domingo.

GREMIO. Oíd, Petrucho: dice que antes os verá ahorcar.

TRANIO. ¿Ése es vuestro éxito? No, entonces, ¡buenas noches a nuestra parte!

PETRUCHO. Tened paciencia, caballeros: la he elegido

[16] Se juega con *cat* y *Kate*.

[17] Contada en los «Cuentos de Canterbury», de Chaucer, y por Boccaccio, la leyenda de Griselda también tiene un precedente español en «Historia de Grisel y Mirabella», de Juan de Flores.

para mí: si a ella y a mí nos parece bien, ¿qué os importa? Hemos pactado entre nosotros, estando a solas, que ella seguirá siendo maldiciente en compañía. Os digo que es increíble lo mucho que me quiere: ¡Ah, dulcísima Cata! Se colgó de mi cuello, y envidó tan de prisa beso sobre beso, haciendo juramento sobre juramento, que en un abrir y cerrar de ojos me ganó a su cariño. ¡Ah, sois novicios! Es un prodigio ver, cuando hombres y mujeres están a solas, qué mansa puede hacer un pobre diablo a la arpía más maldiciente. Dame la mano, Cata: me voy a Venecia a comprar galas para el día de la boda. Prepara la fiesta, padre, y avisa a los invitados: estoy seguro de que mi Catalina estará magnífica.

BAUTISTA. No sé qué decir: pero dadme las manos: ¡Dios te dé alegría, Petrucho! Es cosa hecha.

GREMIO Y TRANIO. ¡Amén!, decimos nosotros: seremos testigos.

PETRUCHO. Padre, esposa y caballeros, adiós: me voy a Venecia; el domingo llega corriendo: tendremos anillos, y cosas de hermoso ornamento; y, bésame, Cata, nos casaremos el domingo.

Se van Petrucho y Catalina, cada cual por un lado.

GREMIO. ¿Hubo jamás matrimonio concertado tan de repente?

BAUTISTA. A fe, señores, ahora hago el papel del mercader y me aventuro locamente en un trato desesperado.

TRANIO. Era una mercancía que se estropeaba dejándola a vuestro lado; os traerá ganancia, o perecerá en el mar.

BAUTISTA. La ganancia que busco es que no haya ruido en el matrimonio.

GREMIO. No hay duda de que él ha cazado su presa sin ruido; pero ahora, Bautista, vamos por tu hija pequeña: ya es el día que tanto hemos esperado: soy vecino tuyo, y el primero que la pretendió.

TRANIO. Y yo soy el que quiere a Blanca más de lo que pueden testimoniar las palabras o pueden imaginar vuestros pensamientos.

GREMIO. Jovenzuelo, no la puedes querer tanto como yo.

TRANIO. Vejete, tu amor congela.

GREMIO. Pues el tuyo fríe. Échate atrás, necio. La edad es lo que da sustento.

TRANIO. Pero la juventud es lo que florece a ojos de las damas.

BAUTISTA. Estad tranquilos, caballeros: yo arreglaré esta disputa. Son los hechos lo que debe ganar el premio y aquel de vosotros que pueda asegurar a mi hija los mayores bienes, tendrá el amor de mi Blanca. Decid, *signor* Gremio, ¿qué le podéis asegurar?

GREMIO. Primero, como sabéis, mi casa en la ciudad está ricamente provista de plata y oro; jarros y jofainas en que lave sus delicadas manos; mis tapices son todos reposteros de Tiro; mis coronas están guardadas en cofres de marfil; en arcas de ciprés, mis cortinajes de Arras, costosos ornamentos, pabellones y doseles, exquisito lino, almohadones turcos recamados de perlas, encajes de Venecia en oro hilado, peltre y bronce y todas las cosas que corresponden a la casa y su cuidado; además, en mi granja tengo un centenar de vacas de leche, diez docenas de bueyes cebados en mis establos, y todas las cosas que corresponden a esta porción. He de confesar que estoy avanzado en años: si me muero mañana, esto es suyo, con tal que mientras yo viva ella sea sólo mía.

TRANIO. Ese «sólo» viene a cuento. Señor, escuchadme: yo soy único hijo y heredero de mi padre: si tengo por mujer a vuestra hija, le dejaré dentro de las ricas murallas de Pisa tres o cuatro casas tan buenas como cualquiera que tenga en Padua el anciano *signor* Gremio; además de dos mil ducados al año de tierras fértiles, todo lo cual será para ella. ¿Qué, os he herido, *signor* Gremio?

GREMIO. ¡Dos mil ducados al año, por las tierras! Mis tierras, en total, no llegan a tanto: pero ella las tendrá: y además un barco que ahora está anclado en el puerto de Marsella. ¿Qué, te he sofocado con el barco?

TRANIO. Gremio, se sabe que mi padre no tiene menos de tres grandes barcos, además de dos galeones, y doce galeras bien calafateadas; todo eso se lo aseguro a ella, y el doble de lo que le ofrezcas después.

GREMIO. No, ya lo he ofrecido todo: no tengo más; y ella no puede tener más de lo que yo tengo: si os parezco bien, me tendrá a mí y lo mío.

TRANIO. Pues entonces la doncella es mía, entre todo el

mundo, por vuestra firme promesa: Gremio queda descalificado.

BAUTISTA. Debo confesar que vuestra oferta es la mejor; y que, si vuestro padre le da la garantía, ella es vuestra: pues si no, perdonad, si morís antes que ella, ¿qué le queda?

TRANIO. Eso es una sutileza: éste es viejo, y yo soy joven.

GREMIO. ¿Y no pueden morir los jóvenes, igual que los viejos?

BAUTISTA. Bueno, caballeros, esto queda decidido: el próximo domingo ya sabéis que se va a casar mi hija Catalina: pues el domingo siguiente, Blanca será vuestra esposa si conseguís la garantía: si no, será para vos, *signor* Gremio: y con esto, me despido, y os doy las gracias a los dos.

GREMIO. Adiós, buen vecino. *(Se va Bautista.)* Ahora no te tengo miedo: mozo, joven descarriado, tu padre sería tonto de dártelo todo, y, en su vejez caduca, meter los pies bajo tu mesa: ¡bah, qué juego! Un viejo zorro italiano no es tan bondadoso, muchacho. *(Se va.)*

TRANIO. ¡Venganza contra tu pellejo marchito de astuto! Sí, le he hecho frente con un naipe alto. Mi intención es hacer bien a mi amo: y no veo razón para que el supuesto Lucencio no tenga un padre llamado... supuesto Vincencio; y será un prodigio: los padres por lo común son los que engendran a sus hijos, pero en este caso de cortejamiento, un hijo engendrará a un padre, si no me falla mi astucia. *(Se va.)**

* [En *La doma de una furia, aquí*, probablemente, intervenían Sly y el Señor:

SLY. Sim, ¿cuándo volverá a salir el loco?

SEÑOR. En seguida volverá, señor.

SLY. Dame acá más de beber. Demonios ¿dónde está el tabernero? Ea, Sim, cómete algo de esto.

SEÑOR. Ya como, señor.

SLY. Ea, Sim, bebo a tu salud.

SEÑOR. Señor, aquí vuelven los actores.

SLY. ¡Ah, muy bien! Aquí hay dos damas excelentes.]

ACTO TERCERO

ESCENA PRIMERA

[Padua. En casa de Bautista]

Entran Lucencio [como Cambio], Hortensio [como Licio] y Blanca.

LUCENCIO. Músico, andad despacio: os estáis volviendo muy atrevido, señor mío: ¿tan pronto habéis olvidado el festejo con que os recibió su hermana Catalina?

HORTENSIO. Pero, pedante pendenciero, ésta es la patrona de la armonía celestial; así que permitidme que tenga prerrogativas; y cuando pasemos una hora con la música, tendréis otro tanto tiempo para vuestra lección.

LUCENCIO. Asno intruso, ¡jamás habéis estudiado bastante como para conocer la causa por la que se ordenó la música! ¿No fue para reposar el ánimo del hombre después de sus estudios o su fatiga acostumbrada? Entonces, dadme licencia para enseñar filosofía, y cuando yo lo deje, servidle vuestra armonía.

HORTENSIO. Compadre, no consentiré estas bravatas.

BLANCA. Vamos, caballeros, me hacéis doble agravio al pelearos por lo que queda a mi elección: no soy un colegial al que se zurra en la escuela; no he de estar sujeta a horas ni a tiempos fijos, sino aprender mis lecciones como me plazca. Y para cortar toda discusión [*a Lucencio*], sentémonos aquí: tomad vuestro instrumento, y tocad mientras tanto: él habrá acabado su lección antes que hayáis templado.

HORTENSIO. ¿Dejaréis su lección cuando yo haya templado?

LUCENCIO. Eso será... nunca: templad vuestro instrumento.

BLANCA. ¿Dónde habíamos quedado la última vez?

LUCENCIO. Aquí, señora:

Hic ibat Simois; hic est Sigeia tellus;
Hic steterat Priami regia celsa senis[1].

BLANCA. Traducid.

LUCENCIO. *Hic ibat*, como os dije antes, *Simois*, yo soy Lucencio, *hic est*, hijo de Vincencio de Pisa, *Sigeia tellus*, disfrazado para obtener vuestro amor; *Hic steterat*, y ese Lucencio que viene a cortejar, *Priami*, es mi criado Tranio, *regia*, que viste como yo, *celsa senis*, para engañar al viejo Pantalón[2].

HORTENSIO. Señora, mi instrumento está templado.

BLANCA. Oigamos. ¡Ay! La prima desafina.

LUCENCIO. Escupe en el agujero[3], hombre, y vuelve a templar.

BLANCA. Vamos a ver si yo sé traducir: *Hic ibat Simois*, no os conozco; *hic est Sigeia tellus*, no me fío de vos; *Hic steterat Priami*, cuidado que no nos oiga éste; *regia*, no os hagáis ilusiones, *celsa senis*, no desesperéis.

HORTENSIO. Señora, ya está templado.

LUCENCIO. Todo menos el bajo.

HORTENSIO. El bajo está bien; es este bajo villano el que desentona. [*Aparte*.] ¡Qué feroz y atrevido es nuestro pedante! Ahora, por vida mía, este granuja corteja a mi amor: *pedascule*, te vigilaré mejor.

BLANCA. Quizá con el tiempo os creeré, pero por ahora desconfío.

LUCENCIO. No desconfiéis, pues, ciertamente, Eacides era Ayax, así llamado por su abuelo[4].

BLANCA. Tengo que creer a mi maestro: si no, os aseguro que seguiría discutiendo sobre esa duda: pero dejémoslo en paz. Ahora, Licio, con vos: buen maestro, os ruego que no toméis a mal que haya bromeado así con los dos.

HORTENSIO. Podéis iros a pasear, dejándome en paz un rato: mis lecciones no son de música a tres voces.

[1] De las «Epístolas» de Ovidio: «Aquí corría el río Simois; aquí está la tierra de Sigeia; aquí estaba el alto palacio del viejo Príamo».

[2] Al viejo Bautista, que, según se indicó antes, se podía comparar por su papel a la figura de Pantalón en la *commedia dell'arte*.

[3] Como si fuera una flauta o una gaita.

[4] Esta frase, en voz alta, es sólo para hacer creer a Hortensio que dan clase de latín.

LUCENCIO. ¿Tan puntilloso sois, señor? Bien, tendré que aguardar [*aparte*], y observar también, pues, si no me engaño, nuestro excelente músico se está poniendo amoroso.

HORTENSIO. Señora, antes que toquéis el instrumento para aprender mi modo de poner los dedos, debo empezar con los rudimentos del arte: os enseñaré la escala de modo más breve, más grato, más enérgico y más eficaz que como la enseñe cualquier otro de mi profesión: y aquí está por escrito, bien trazado.

BLANCA. Bueno, hace mucho que he subido más allá de la escala.

HORTENSIO. Pero leed la escala de Hortensio.

BLANCA [*lee*]. *Soy el «do», base en toda la armonía,*
«re», te anuncio de Hortensio el gran amor:
«mi», Blanca, acéptale como señor,
«fa», porque te ama con idolatría:
«sol», un acorde en dos notas haré:
«la, si», dame tu sí, o me moriré.

¿A esto llamáis una escala? Bah, no me gusta: prefiero las antiguas maneras: no soy tan melindrosa como para cambiar las leyes verdaderas por extrañas invenciones.
Entra un Criado.

CRIADO. Señora, vuestro padre os ruega que dejéis los libros, y ayudéis a arreglar el cuarto de vuestra hermana: ya sabéis que mañana es el día de su boda.

BLANCA. Adiós, mis dulces maestros: me tengo que ir. *(Se van Blanca y el Criado.)*

LUCENCIO. A fe, señora, entonces no tengo motivo para quedarme. *(Se va.)*

HORTENSIO. Pero yo tengo motivo para acechar a este pedante: me parece que tiene cara de estar enamorado: pero si tus pensamientos, Blanca, son tan humildes como para poner tus ojos errantes en cualquier reclamo[5], que se te lleve el que quiera. Si te encuentro una sola vez desviada, Hortensio te corresponderá cambiando. *(Se va.)*

[5] *Stale*, en el sentido del lenguaje de cetrería, «reclamo»: como luego «desviada», *ranging*.

ESCENA II

[Padua. Ante la casa de Bautista]

Entran Bautista, Gremio, Tranio, Catalina, Blanca, Lucencio y otros, con Criados.

BAUTISTA. *Signor* Lucencio [*a Tranio*], éste es el día señalado en que han de casarse Catalina y Petrucho, y sin embargo, no hemos sabido nada de nuestro yerno. ¿Qué se ha de decir? ¿Qué burla va a ser que falte el novio cuando el sacerdote espera para pronunciar los ritos ceremoniales del matrimonio? ¿Qué dice Lucencio de esta vergüenza nuestra?

CATALINA. Sólo es vergüenza mía: en verdad, tengo que dar mi mano a la fuerza, en contra de mi corazón, a un rufián loco, lleno de manías, que cortejó a toda prisa, y pretende casarse con calma. Ya os dije que era un loco frenético que escondía sus duras bromas en grosera conducta: y, para hacerse célebre como bromista, cortejará a mil, señalará el día de la boda, hará invitar a amigos, y proclamará las amonestaciones, pero sin pensar en casarse nunca donde había cortejado. Ahora el mundo señalará a la pobre Catalina, y dirá: «¡Mirad, allí va la loca esposa de Petrucho, si es que a él le place venir a casarse!»

TRANIO. Paciencia, buena Catalina, y vos también, Bautista. Por mi vida, Petrucho tiene buenas intenciones, sea el que sea el azar que le impide cumplir su palabra: aunque sea rudo, le conozco como muy sensato; aunque sea bromista, al mismo tiempo es honrado.

CATALINA. ¡Ojalá no le hubiera visto nunca Catalina! *(Se va llorando, seguida por Blanca y otras.)*

BAUTISTA. Vete, muchacha: ahora no te puedo censurar porque llores; pues semejante injuria vejaría hasta a un santo, cuanto más a una furia de tu humor impaciente. *Entra Biondelo.*

BIONDELO. ¡Amo, amo! ¡Noticias, noticias viejas; unas nuevas tales como jamás las habéis oído!

BAUTISTA. ¿Nuevas y viejas a la vez? ¿Cómo puede ser?

BIONDELO. ¿Qué, no es novedad oír que llega Petrucho?
BAUTISTA. ¿Ha venido?
BIONDELO. Pues no, señor.
BAUTISTA. Entonces, ¿qué?
BIONDELO. Está viniendo.
BAUTISTA. ¿Cuándo estará aquí?
BIONDELO. Cuando esté donde estoy yo y os vea ahí.
TRANIO. Pero di, ¿qué hay de tus viejas novedades?
BIONDELO. Pues que Petrucho viene con un sombrero nuevo y un jubón viejo; unos calzones viejos, vueltos tres veces, unas botas que han servido para guardar cabos de vela, una con hebilla y otra con cordón; una vieja espada herrumbrosa sacada de la armería de la ciudad, con el puño roto y la vaina sin cuero: con dos agujetas rotas: el caballo, renqueante, con una vieja silla apolillada y sin estribos de ninguna clase, y además, sufriendo el muermo y agallas en el espinazo; aquejado de tolano, lleno de escrófulas, lleno de aventaduras, invadido de esparavanes, rayado de ictericia, incurable ya de adivas, echado a perder de vértigos, roído de modorra, quebrado de espaldas y dislocado de paletillas; empernado de delante y con un freno de medio carrillo y un ronzal de cuero de oveja, que, a fuerza de tirar de él para que no cayera tropezando, se ha roto muchas veces y está reparado con nudos: una cincha remendada seis veces y una grupera de terciopelo para mujer, que tiene las dos iniciales de su nombre marcadas con tachuelas, y remendada acá y allá con guita.
BAUTISTA. ¿Quién viene con él?
BIONDELO. Ah, señor, su lacayo, engualdrapado en todo como el caballo; con una media de lino en una pierna, y en la otra una pernera de lana basta, con ligas de cinta roja y azul; un sombrero viejo y el «humor de cuarenta fantasías[6]» metido en él como pluma: un monstruo, un verdadero monstruo en su vestimenta, y no como un espolique cristiano ni un lacayo de caballero.
TRANIO. Algún humor extraño le habrá incitado a ese modo de vestir: pero muchas veces va mal vestido.

[6] Un ramillete variado.

BAUTISTA. Me alegro de que venga, como quiera que venga.

BIONDELO. ¡Pero, señor, si no viene él!

BAUTISTA. ¿No decías que venía?

BIONDELO. ¿Quién? ¿Que venía Petrucho?

BAUTISTA. Sí, que venía Petrucho.

BIONDELO. No, señor, digo que viene su caballo, con él a lomos.

BAUTISTA. Bueno, es todo uno.

BIONDELO. *No, por Santo Tomás:*
os apuesto un florín:
un hombre y un rocín
no son uno, son más,
aun sin ser un sinfín.

Entran Petrucho y Grumio.

PETRUCHO. Vamos, ¿dónde están esos valientes? ¿Quién hay en casa?

BAUTISTA. Sois bien venido, señor.

PETRUCHO. Pero no vengo bien.

BAUTISTA. Y sin embargo, no renqueáis.

TRANIO. No venís tan bien engalanado como yo desearía.

PETRUCHO. Era mejor venir así a toda prisa. Pero, ¿dónde está Cata? ¿Dónde está mi deliciosa esposa? ¿Cómo está mi padre? Caballeros, me parece que estáis ceñudos: ¿por qué está pasmada esta noble compañía, como si vieran un monumento prodigioso, algún cometa o prodigio insólito?

BAUTISTA. En fin, señor, sabéis que es vuestro día de boda: al principio estábamos tristes, temiendo que no vinierais; ahora más triste, de que vengáis tan sin preparar. Ea, quitaos esas ropas, ¡qué vergüenza para vuestra condición, molestando a la vista en nuestra solemne fiesta?

TRANIO. Y decidnos, ¿qué motivo importante os ha retrasado tanto tiempo lejos de vuestra esposa, enviándoos aquí tan diferente de vos mismo?

PETRUCHO. Sería tedioso de contar y duro de oír: baste que vengo para cumplir mi palabra, aunque en algunos puntos me haya visto obligado a desviarme: con más tiempo, lo excusaré de tal modo que quedaréis bien satisfechos en todo. Pero, ¿dónde está Cata? Demasiado tiempo estoy separado de ella: se pasa la mañana, ya es hora de que estuviéramos en la iglesia.

TRANIO. No veáis a vuestra novia en esas ropas groseras. Id a mi cuarto y poneos ropas mías.

PETRUCHO. No iré, creedme: la iré a buscar así.

BAUTISTA. Pero confío que así no os casaréis con ella.

PETRUCHO. En verdad, así mismo: de modo que dejaos de palabras: se casa conmigo, y no con mi ropa: y si pudiera cambiarme lo que ella me va a gastar en mí, igual que puedo cambiarme estas pobres vestimentas, sería bueno para Cata y mejor para mí. Pero, ¡qué tonto soy charlando con vosotros cuando debería dar los buenos días a mi prometida, y sellar ese título con un beso delicioso! *(Se van Petrucho y Grumio.)*

TRANIO. Alguna intención tiene con ese loco traje: le convenceremos, si es posible, de que se ponga otro mejor antes de ir a la iglesia.

BAUTISTA. Iré detrás de él, a ver en qué para esto. *(Se van Bautista, Gremio y criados.)*

TRANIO [*a Lucencio*]. Pero al amor de ella nos toca añadir el consentimiento de su padre: para conseguir lo cual, como antes dije a Vuestra Señoría, voy a buscar un hombre —no importa quién sea, ya le adiestraremos para nuestra jugada— para que haga de Vincencio de Pisa; y que dé garantías, aquí en Padua, de mayores sumas de las que yo he prometido, de modo que disfrutéis tranquilamente de vuestro amor y os caséis con la dulce Blanca con consentimiento.

LUCENCIO. Si no fuera porque mi colega, el otro maestro, vigila tan de cerca los pasos de Blanca, sería bueno, me parece, hacer a escondidas nuestro matrimonio: una vez realizado el cual, aunque todo el mundo diga que no, yo me quedaré con lo mío, a pesar del mundo entero.

TRANIO. Esto tenemos intención de considerarlo poco a poco, buscando nuestra ventaja en este asunto: engañaremos al vejete Gremio, al padre atentamente vigilante, Minola, y al extravagante músico, el enamorado Licio: todo por mi amo, por Lucencio.

Vuelve a entrar Gremio.

Signor Gremio, ¿volvéis de la iglesia?

GREMIO. Tan contento como jamás he vuelto de la escuela.

TRANIO. ¿Se van a casa la esposa y el esposo?

GREMIO. ¿El esposo, decís? ¡El rasposo, mejor dicho[7], el maldiciente; ya lo verá la muchacha!

TRANIO. ¿Más maldiciente que ella? En fin, es imposible.

GREMIO. Pues él es un diablo, un diablo, un verdadero demonio.

TRANIO. Pues ella es una diabla, una diabla, una verdadera demonia.

GREMIO. ¡Bah, ella al lado de él, es una cordera, una paloma, una tonta! Os diré, señor Lucencio: cuando el sacerdote le preguntó si quería a Catalina por mujer, él dijo: «¡Claro que sí, por los clavos de Cristo!», y juró tan fuerte que el sacerdote, todo asombrado, dejó caer el libro, y, cuando se agachaba para recogerlo, el loco del novio le dio tal bofetada, que se cayeron el cura y el libro, y el libro y el cura: «Ahora, que los recoja quien quiera», dijo luego.

TRANIO. ¿Qué dijo la muchacha cuando el otro se levantó?

GREMIO. Temblaba y se estremecía, pues él pataleaba y juraba, como si el cura le quisiera estafar. Pero, terminadas muchas ceremonias, pide vino: «¡Un brindis!», dice, como si estuviera a bordo de un barco, invitando a sus marineros después de una tormenta: se engulló el moscatel y tiró las migas de pastel[8] a la cara del sacristán, sin más motivo sino que tenía una barba rala y hambrienta, y parecía pedirle las migas mientras bebía. Hecho esto, agarró a la novia por el cuello y la besó en los labios con tan clamoroso chasquido que, al separarse, toda la iglesia hizo eco: yo, al verlo, me fui de allí, de pura vergüenza; y sé que detrás de mí viene todo el cortejo. Jamás ha habido una boda tan loca: ¡oíd, oíd! Oigo tocar a los ministriles. *(Música.)*

Vuelven a entrar Petrucho, Catalina, Blanca, Bautista, Hortensio, Grumio y acompañamiento.

PETRUCHO. Amigos y caballeros, os agradezco vuestra mo-

[7] En el original, se juega con *bridegroom* y *groom*.

[8] *The sops*, las migas del trozo de la tarta de bodas que se solía echar en la copa del brindis.

lestia: sé que pensáis comer hoy conmigo y habéis preparado gran cantidad de cosas para el banquete de bodas; pero ocurre que mis prisas me llaman para que me vaya de aquí, así que pienso despedirme ahora mismo.

BAUTISTA. ¿Es posible que te quieras ir esta noche?

PETRUCHO. Me tengo que ir antes que sea de noche: no os extrañe: si supiérais cuál es mi asunto, me rogaríais que me fuera, en vez de quedarme. Honrada reunión, os doy las gracias a todos los que habéis visto cómo me otorgaba a mí mismo a esta pacientísima, dulce y virtuosa esposa: comed con mi padre, bebed un brindis por mí, pues me tengo que ir: y adiós a todos vosotros.

TRANIO. Déjanos rogarte que te quedes hasta después de comer.

PETRUCHO. No puede ser.

GREMIO. Déjame rogarte.

PETRUCHO. No puede ser.

CATALINA. Déjame rogarte.

PETRUCHO. Me parece bien.

CATALINA. ¿Te parece bien quedarte?

PETRUCHO. Me parece bien que me ruegues que me quede; pero no me quedaré por mucho que me ruegues.

CATALINA. Vamos, si me quieres, quédate.

PETRUCHO. Grumio, los caballos.

GRUMIO. Sí, señor, ya están preparados: la avena se ha comido a los caballos.

CATALINA. No, entonces, hagas lo que hagas, no me iré hoy: ni tampoco mañana, ni hasta que me parezca bien. La puerta está abierta, señor: ahí tienes el camino; puedes echar a andar, antes que te hagan daño las botas; en cuanto a mí, no iré mientras no me parezca bien: así te vas a mostrar un buen grosero villano si lo tomas desde el principio tan a lo bruto.

PETRUCHO. Ah, Cata, estáte en paz: por favor, no te enojes.

CATALINA. Sí que me enojo: ¿qué quieres hacer? Padre, cállate: se tiene que quedar mientras yo diga.

GREMIO. Sí, pardiez, señor, ahora empieza a hacer efecto.

CATALINA. Caballeros, id al banquete de bodas: veo que

una mujer queda en ridículo si no tiene ánimos para resistir.

PETRUCHO. Irán allá, Cata, como lo mandas. Obedeced a la esposa, los que la acompañáis; id a la fiesta, banquetead y triunfad, brindad a boca llena por su virginidad. Haced el loco y alegraos, o idos a ahorcar: pero mi buena Cata tiene que venir conmigo. Sí, no me echéis esas miradas, ni deis patadas, ni os pasméis, ni os agitéis: yo he de ser dueño de lo que es mío: ella es mi hacienda, mis muebles: ella es mi casa, todo lo de mi hogar, mis campos, mi granero, mi caballo, mi buey, mi burro, mi lo que sea; y ahí está, a ver quién se atreve a tocarla: me lanzaré contra el más presuntuoso que quiera cerrarme el camino a Padua. Grumio, desenvaina el arma: estamos cercados de ladrones: defiende a tu señora, si eres hombre. No tengas miedo, dulce doncella, que no te tocarán, Cata: yo te haré de escudo contra un millón.

Se van Petrucho, Catalina y Grumio.

BAUTISTA. Bueno, que se vayan, esa pareja de pacíficos.

GREMIO. Si no se hubieran ido pronto, me habría muerto de risa.

TRANIO. De todas las bodas locas, nunca hubo otra igual.

LUCENCIO. Señora, ¿qué opinión tenéis de vuestra hermana?

BLANCA. Que, estando loca, se coloca[9] con marido loco.

GREMIO. Juraría por él, que Petrucho está «acatado»[10].

BAUTISTA. Vecinos y amigos, aunque falten el novio y la novia para ocupar sus sitios en la mesa, ya sabéis que no faltan manjares en la fiesta. Lucencio, tú ocuparás el sitio del novio, y que Blanca tome el lugar de su hermana.

TRANIO. ¿La dulce Blanca ha de ensayar el papel de esposa?

BAUTISTA. Eso es, Lucencio. Ea, caballeros, vamos. *(Se van.)*

[9] Se juega con *mad*, «loca», y [*madly*] *mated*, «[locamente] emparejada».
[10] *I warrant him, Petruchio is Kated.*

ACTO CUARTO

ESCENA PRIMERA

[Casa de campo de Petrucho]

Entra Grumio.

GRUMIO. ¡Al demonio, al demonio todos los rocines cansados, todos los amos locos, todos los caminos malos! ¿Hubo jamás un hombre tan vapuleado? ¿Hubo jamás un hombre tan enlodado? ¿Hubo jamás un hombre tan cansado? Me han mandado por delante a encender un fuego, y ellos vendrán después a calentarse. Bueno, si yo no fuera un pucherito que en seguida se calienta, hasta los labios se me helarían en los dientes, y la lengua contra el paladar, y el corazón en la barriga, antes de llegar a un fuego que me deshelara: pero yo, a fuerza de atizar el fuego me calentaré a mí mismo: pues, considerando el tiempo que hace, se resfriaría hasta uno más alto que yo. ¡Eh, Curtis!

Entra Curtis.

CURTIS. ¿Quién llama tan fríamente?

GRUMIO. Un trozo de hielo: si lo dudas, puedes dejarte resbalar desde mi hombro a mi talón sin tomar más carrerilla que la cabeza y el cuello. ¡Fuego, buen Curtis!

CURTIS. ¿Llegan mi amo y su mujer, Grumio?

GRUMIO. Sí, Curtis, sí; así que fuego, fuego: no eches agua.

CURTIS. ¿Es ella una furia tan acalorada como cuentan?

GRUMIO. Lo era, buen Curtis, antes de esta helada, pero ya sabes que el invierno doma al hombre, a la mujer y al animal; pues ha domado a mi antiguo amo, a mi nueva ama, y a mí mismo, compañero Curtis.

CURTIS. ¡Quita allá, loco de tres pulgadas! Yo no soy ningún animal.

GRUMIO. ¿Y yo no tengo más que tres pulgadas? Bueno, tu cuerno mide un pie, así que yo no mido menos. Pero, ¿quieres encender fuego, o me quejaré de ti a nuestra ama, cuya mano, estando ya a mano, sentirás pronto, para tu frío consuelo, por andar despacio en tu oficio caliente?

CURTIS. Por favor, buen Grumio, ¿cómo va el mundo?

GRUMIO. Un mundo frío, Curtis, en todos los oficios menos en el tuyo: así que enciende fuego: cumple tu deber y recibe lo que se te debe, pues mi amo y mi ama casi están muertos de frío.

CURTIS. Ya hay fuego preparado, así que, buen Grumio, cuéntame noticias.

GRUMIO. «Por allí viene un paje», con todas las noticias que quieras[1].

CURTIS. ¡Vamos, siempre andas a pillar algo!

GRUMIO. Pues haz fuego, entonces, porque he pillado un buen resfriado. ¿Dónde está el cocinero? ¿Está preparada la cena, arreglada la casa, las esteras extendidas, las telarañas quitadas, los criados con sus nuevos trajes de fustán, las medias blancas y cada cual con su traje nuevo de boda? ¿Están limpios los cacharros por dentro y las cacharras por fuera[2], los tapices puestos, y todo en orden?

CURTIS. Todo está preparado, así que, por favor, noticias.

GRUMIO. Primero, has de saber que mi caballo está cansado; y que mi amo y mi ama han perdido los estribos[3].

CURTIS. ¿Cómo?

GRUMIO. Cayendo de las sillas al fango; y eso es una larga historia, con todo lo que le cuelga[4].

CURTIS. A ver, buen Grumio.

[1] Sustituimos con la cita de *Mambrú* («por allí viene un paje — ¿qué noticias traerá?»), la cita, en el original, de una vieja balada, *Jack, boy, ho, boy!*, que sigue: *Newes: the cat is in the well...*

[2] *Jack* y *Jill*, además de ser, por antonomasia, «hombre» y «mujer» («Fulano» y «Fulana»), eran recipientes, respectivamente, de media pinta y de un cuartillo.

[3] *Fallen out*, a la vez «peleados» y «caídos».

[4] Jugando, como siempre, con *tale*, «cuento», y *tail*, «cola», se hace la frase *thereby hangs a tale*.

GRUMIO. Acerca la oreja.
CURTIS. Aquí está.
GRUMIO. Ahí va. *(Le da una bofetada.)*
CURTIS. ¡Esto es sentir, y no oír[5]!
GRUMIO. Por eso esta historia tiene mucho sentido, y esta bofetada era sólo para llamar a la puerta de tu oído, y pedirte que escucharas. Empiezo ahora: *Imprimis*, bajamos por una cuesta muy mala, el amo montado detrás del ama...
CURTIS. ¿Los dos en un solo caballo?
GRUMIO. ¿Y a ti qué?
CURTIS. Bueno, al caballo, sí.
GRUMIO. Cuenta tú el cuento, pero si no me hubieras interrumpido, habrías oído cómo se le cayó el caballo y ella debajo del caballo: habrías sabido en qué sitio tan fangoso, y cómo ella se ensució, y cómo él la dejó atrás con el caballo encima, cómo me pegó él porque el caballo de ella había tropezado, cómo ella vadeó por el lodo para salvarme, cómo juró él, cómo rogó ella, que jamás había rogado, cómo grité yo, cómo se escaparon los caballos, cómo a ella se le rompió la brida, cómo yo perdí la grupera, con muchas cosas de digna memoria, que ahora morirán en el olvido, mientras tú regresas a tu sepulcro en la ignorancia.
CURTIS. Por esta cuenta, él es más furia que ella.
GRUMIO. Eso; y tú y los más orgullosos de todos vosotros lo sabréis cuando llegue él a casa. Pero, ¿por qué hablo de esto? Llama acá a Nataniel, José, Nicolás, Felipe, Gualterio, Pandulce y los demás: mira que se peinen bien, que se cepillen las casacas azules, y que tengan las ligas del mismo trenzado; que hagan reverencia con la pierna izquierda, y no se atrevan a tocar un pelo de la cola del caballo del amo antes de besarles las manos. ¿Están todos preparados?
CURTIS. Lo están.
GRUMIO. Llámales acá.
CURTIS. ¡Eh! ¿Oís? Tenéis que recibir al amo para poner buena cara al ama.
GRUMIO. Ya la tiene buena[6].

[5] Insistiendo en el mismo juego de palabras.
[6] Se juega con *to countenance*, y la réplica: *She has a face of her own.*

CURTIS. ¿Quién no lo sabe?
GRUMIO. Tú, por lo visto, que llamas gente para que le ponga buena cara.
CURTIS. Les llamo para que le presten servicio.
GRUMIO. Pero ella no viene a pedirles nada prestado[1].
Entran cuatro o cinco Criados.
NATANIEL. ¡Bien venido a casa, Grumio!
FELIPE. ¡Qué hay, Grumio!
JOSÉ. ¡Hola, Grumio!
NICOLÁS. ¡Amigo Grumio!
NATANIEL. ¿Cómo va, viejo compadre?
GRUMIO. Bien venido, tú; qué hay, tú; hola, tú; amigo, tú; y basta ya de saludos. Vamos a ver, mis lindos compañeros, ¿está todo preparado, y todas las cosas limpias?
NATANIEL. Todo está preparado. ¿Está cerca nuestro amo?
GRUMIO. Ya está ahí mismo, ya debe haber descabalgado, así que no seáis... ¡Por el gallo de la Pasión, silencio! Oigo a mi amo.
Entran Petrucho y Catalina.
PETRUCHO. ¿Dónde están esos villanos? ¿Qué, no hay nadie a la puerta para tenerme el estribo ni llevarse el caballo? ¿Dónde están Nataniel, Gregorio, Felipe?
TODOS LOS CRIADOS. Aquí, aquí, señor; aquí, señor.
PETRUCHO. ¡Aquí, señor! ¡Aquí, señor! ¡Aquí, señor! ¡Aquí, señor! ¡Mozos de cabeza de leño y sin pulir! ¿Qué, nadie me espera? ¿No hay respeto? ¿No hay obediencia? ¿Dónde está el imbécil del villano que mandé antes?
GRUMIO. Aquí, señor, tan imbécil como antes.
PETRUCHO. ¡Rufián grosero! ¡Hijo de puta, bestia de carga! ¿No te mandé que me esperaras en el parque y que llevaras contigo a estos bribones de villanos?
GRUMIO. La casaca de Nataniel, señor, no estaba del todo hecha, y los escarpines de Gabriel estaban todos descosidos por el talón. No había hollín para ennegrecer el sombrero de Pedro, y la daga de Gualterio no había vuelto de envainarse: no había nadie decente más que Adán, Rodolfo y Gregorio: los demás estaban andra-

[1] Se juega con *to credit* [*her*] y *to borrow*.

josos, viejos y miserables: pero, tal como están, aquí salen a recibirnos.

PETRUCHO. Id allá, bribones, id a traerme la cena. *(Se van los Criados.) (Cantando:)* «¿Dónde está aquella vida que llevaba; dónde están esos...?» Siéntate, Cata, y bien venida. ¡Uf, uf, uf, uf!

Vuelven a entrar los Criados con la cena.

¡Vaya, por fin, digo yo! Ea, mi dulce Cata, alégrate. ¡Quitadme las botas, bribones! ¿Hasta cuándo, villanos? *(Canta:)*

Era el fraile capuchino
que marchaba de camino...

¡Quita, granuja! Me arrancas el pie de través: toma ésa, y a ver si sacas mejor la otra. *(Le pega.)* Alégrate, Cata. A ver, agua: ¡eh, a ver! ¿Dónde está mi sabueso Troilo? Mozo, vete de aquí, y di a mi primo Fernando que venga acá: es uno, Cata, al que tienes que besar y tienes que conocerle. ¿Dónde están mis pantuflas? ¿No voy a tener agua?

Entra uno con agua.

Ven, Cata, lávate, y bien venida de todo corazón. ¡Hijo de puta, villano, lo has dejado caer! *(Pega al Criado.)*

CATALINA. Paciencia, por favor: lo ha hecho sin querer.

PETRUCHO. ¡Un hideputa de cabeza de escarabajo, un villano de orejas de abanico! Vamos, Cata, siéntate: sé que tendrás apetito. ¿Quieres decir la bendición, dulce Cata, o la digo yo? ¿Esto qué es? ¿Cordero?

CRIADO PRIMERO. Sí.

PETRUCHO. ¿Quién lo ha traído?

PEDRO. Yo.

PETRUCHO. Está quemado, y lo mismo toda la comida. ¡Qué perros son éstos! ¿Dónde está el bribón del cocinero? ¿Cómo os atrevéis, villanos, a sacarme esto de la despensa, y servírmelo así, cuando no me gusta? Ahí va, tomadlo, aparadores, vasos, y todo. *(Tira la carne y todo lo demás por la escena.)* ¡Idiotas descuidados, villanos groseros! ¿Qué, gruñís? En seguida iré con vosotros.

CATALINA. Por favor, marido, no te agites tanto: la carne estaba bien, si te hubieras contentado con ella.

PETRUCHO. Te digo, Cata, que estaba quemada y seca, y me han prohibido expresamente que la toque, pues produce cólera, y da lugar a la ira[8]; y sería mejor que ayunáramos los dos, puesto que, por nosotros mismos, los dos somos coléricos, antes que alimentarnos de esa carne demasiado hecha. Ten paciencia: mañana lo remediaremos, y, por esta noche, ayunaremos en compañía. Ven, te llevaré a tu cuarto nupcial. *(Se van.)*

Vuelven a entrar los Criados, uno a uno.

NATANIEL. Pedro, ¿has visto nunca cosa semejante?

PEDRO. La mata con su propio humor.

Vuelve a entrar Curtis.

GRUMIO. ¿Dónde está el amo?

CURTIS. Con ella, en su cuarto, haciéndole un sermón sobre la continencia; y reniega, y jura, e insulta de tal modo que ella, la pobre, no sabe dónde ponerse ni qué cara poner ni qué decir, sentada como quien se acaba de despertar de un sueño. ¡Fuera, fuera!, que viene aquí. *(Se van.)*

Vuelve a entrar Petrucho.

PETRUCHO. Así, con mucha política, he comenzado mi reinado, y mi esperanza es terminarlo con éxito. Mi halcón está ahora hambriento y más que vacío; hasta que no baje[9] no se llenará la tripa, pues si no, nunca haría caso de su señuelo. Tengo otros medios para dominar a esta ave de rapiña, para hacerla venir y conocer la voz de su halconero, esto es, tenerla despierta, como se tienen despiertos los milanos que revolotean y aletean y no quieren obedecer. Hoy no come carne, ni comerá nada; anoche no durmió, ni dormirá esta noche; igual que con la carne, encontraré alguna falta imaginaria en el modo de estar hecha la cama; y tiraré por un lado la almohada, por allá el almohadón, por allí la colcha, por el otro las sábanas: sí, y en medio de todo el estruendo, diré que todo se hace por amor y respeto a ella; y en conclusión, pasará toda la noche en vela: y si por casualidad da una cabezada, reñiré y gritaré, y la tendré despierta con el clamor. Éste es un modo de matar a una esposa con la bondad[10]; y así plegaré su humor loco y terco. Quien conozca un modo mejor de

[8] Se creía que la carne seca producía cólera.
[9] *Stoop*, en el sentido de la cetrería.
[10] Alusión a un drama famoso de la época, *A Woman Killed With Kindness*, de Thomas Heywood.

domar a una furia, que hable ahora y hará una caridad. *(Se va.)*

ESCENA II

[Padua. Ante la casa de Bautista]

Entran Tranio y Hortensio.

TRANIO[11]. ¿Es posible, amigo Licio, que a la señora Blanca se le antoje algún otro que Lucencio? Os digo, señor, que ella me anima mucho.

HORTENSIO. Señor, para convenceros de lo que os he dicho, poneos a un lado y observad su manera de enseñar.

Entran Blanca y Lucencio.

LUCENCIO. Entonces, señora, ¿progresáis en lo que leéis?

BLANCA. Primero decidme esto, maestro: ¿qué leéis?

LUCENCIO. Leo lo que profeso: el Arte de Amar[12].

BLANCA. ¡Ojalá seáis vos maestro en tal arte!

LUCENCIO. ¡Con tal que vos, querida mía, seáis dueña de mi corazón!

HORTENSIO. ¡Qué de prisa adelantan, pardiez! Ahora, ¿qué decís, por favor, vos que os atrevíais a jurar que vuestra señora Blanca no amaba en el mundo a nadie tanto como a Lucencio?

TRANIO. ¡Oh amor maligno! ¡Oh feminidad inconstante! Os digo, Licio, que es algo prodigioso.

HORTENSIO. No me sigáis confundiendo: no soy Licio, ni músico, como parezco serlo, sino alguien que desdeña vivir en tal ropaje, por quien abandona a un caballero y convierte en un dios a tal miserable: sabed, señor, que me llamo Hortensio.

TRANIO. *Signor* Hortensio, muchas veces he oído hablar de vuestro gran amor a Blanca; y, puesto que mis ojos son testigos de su ligereza, yo también, si eso os complace, abjuraré para siempre de Blanca y de su amor.

[11] Recuérdese que Tranio actúa como supuesto Lucencio, mientras el verdadero Lucencio, bajo el nombre de Cambio, hace de profesor de latín.

[12] El *Ars Amandi*, de Ovidio.

HORTENSIO. ¡Ved cómo se besan y se quieren! *Signor* Lucencio, aquí está mi mano, y aquí juro firmemente no volver a cortejarla, sino abjurar de ella, como indigna de todos los favores anteriores con que locamente la he lisonjeado.

TRANIO. Y aquí presto yo el sincero juramento de no casarme nunca con ella aunque me lo pida: ¡qué vergüenza, de qué modo bestial le corteja a él!

HORTENSIO. ¡Ojalá hubiera renegado de ella el mundo entero menos él! Por mi parte, para poder guardar con seguridad mi juramento, me casaré, antes que pasen tres días, con una viuda rica que me ha amado tanto tiempo como yo a esa orgullosa y desdeñosa testaruda. Así que adiós, *signor* Lucencio. La bondad de las mujeres, no su bello rostro, ganará mi amor: y con eso me despido, resuelto a lo que antes he jurado. *(Se va.)*

TRANIO. Señora Blanca, Dios os bendiga con todas las gracias que corresponden a la suerte de quien ama con felicidad. Bueno, os he pillado en un descuido, dulce amor, y he renegado de vos, a la vez que Hortensio.

BLANCA. Tranio, bromeas: pero, ¿habéis renegado de mí los dos?

TRANIO. Eso es, señora.

LUCENCIA. Entonces nos hemos quitado de encima a Licio.

TRANIO. A fe, ahora se llevará una animada viuda, que se dejará cortejar y casar en un solo día.

BLANCA. Dios le dé felicidad.

TRANIO. Sí, y él la domará.

BLANCA. Eso dice él, Tranio.

TRANIO. Palabra, ha ido a la escuela de domar.

BLANCA. ¡La escuela de domar! ¿Qué, existe ese sitio?

TRANIO. Sí, señora, y Petrucho es el maestro, enseñando trucos de vuelta y media para domar a una furia y hechizar su lengua charlatana.

Entra Biondelo.

BIONDELO. ¡Oh amo, amo, he observado tanto tiempo que estoy tan cansado como un perro! Pero por fin he visto un viejo de antiguo cuño[13], bajando por la cuesta, que servirá para nuestro caso.

[13] *An ancient angel*, «ángel», también en sentido de cierta vieja moneda.

TRANIO. ¿Quién es, Biondelo?

BIONDELO. Señor, un mercader, o un pedante, no sé qué; pero de aspecto muy formal, y en andares y aspecto, igual que un padre.

LUCENCIO. ¿Y qué hay de él, Tranio?

TRANIO. Si es crédulo y se fía de mi cuento, le haré que le parezca bien parecer Vincencio, y que dé garantías a Bautista Minola, como si fuera el verdadero Vincencio. Llevad adentro a vuestro amor, y dejadme solo. *(Se van Lucencio y Blanca.)*

Entra un Pedante.

PEDANTE. ¡Dios os guarde, señor!

TRANIO. ¡Y a vos, señor! Sois bien venido. ¿Seguís vuestro viaje, o habéis llegado al final?

PEDANTE. Señor, al final para una semana o dos: pero luego seguiré más allá, hasta Roma; y después a Trípoli, si Dios me da vida.

TRANIO. ¿De dónde sois, por favor?

PEDANTE. De Mantua.

TRANIO. ¿De Mantua, señor? ¡No lo quiera Dios! Pardiez, ¿y venís a Padua, sin importaros vuestra vida?

PEDANTE. ¿Mi vida, señor? ¿Por qué? Es cosa dura.

TRANIO. Hay pena de muerte para cualquiera de Mantua que llegue a Padua. ¿No sabéis la causa? Vuestros barcos han anclado en Venecia, y el Dogo, por discordia personal entre vuestro Duque y él, lo ha publicado y anunciado abiertamente: es raro, pero si no fuera porque habéis llegado apenas, lo habríais oído proclamar por ahí.

PEDANTE. ¡Ay, señor, para mí la cosa es aún peor! Pues tengo letras de cambio de Florencia y he de entregarlas aquí.

TRANIO. Bueno, señor, para haceros un favor, yo os las pagaré, y os aconsejo... Primero, decidme: ¿habéis estado alguna vez en Pisa?

PEDANTE. Sí, señor, he estado muchas veces en Pisa; Pisa, famosa por sus ciudadanos importantes.

TRANIO. Entre ellos, ¿conocéis a un tal Vincencio?

PEDANTE. No le conozco, pero he oído hablar de él como mercader de incomparable riqueza.

TRANIO. Pues es mi padre, señor; y, a decir verdad, se os parece algo en aspecto.

BIONDELO [*aparte*]. Como una manzana a una ostra; son todo uno.

TRANIO. Para salvar vuestra vida en este apuro, os haré ese favor por amor a él, y no creáis que es mala suerte para vos el pareceros al señor Vincencio. Asumiréis su nombre y su crédito, y os alojaréis amistosamente en mi casa: ¡Mirad que lo hagáis como debéis! Ya me entendéis, señor: así os quedaréis hasta que hayáis terminado vuestros asuntos en la ciudad: si esto os resulta grato, señor, aceptadlo.

PEDANTE. Sí que lo acepto, señor, y siempre os consideraré el protector de mi vida y mi libertad.

TRANIO. Entonces venid conmigo para hacer bueno el asunto. Por cierto, habéis de daros cuenta de esto: se espera aquí a mi padre de un día a otro para dar garantía de una cesión en matrimonio entre mí y una hija, aquí, de Bautista. Ya os informaré de todas estas circunstancias: venid conmigo a que os vista como os conviene. *(Se van.)*

ESCENA III

[Sala en casa de Petrucho]

Entran Catalina y Grumio.

GRUMIO. No, no, a fe: no me atrevo, ni por mi vida.

CATALINA. Cuanto mayor es mi agravio, mayor parece su ira: qué, ¿se casó conmigo para hacerme pasar hambre? Los mendigos que llegan a la puerta de mi padre reciben limosna en seguida que la piden; si no, en otros sitios encuentran caridad. Pero yo, que nunca supe rogar, ni tuve necesidad de rogar, me muero de hambre sin comida, y estoy aturdida por falta de sueño; los juramentos me mantienen en vela, y se me alimenta con reprensiones: y lo que me enoja más que todas esas necesidades es que lo hace bajo el nombre de amor perfecto; igual que si dijera que si duermo o como, será enfermedad mortal o muerte súbita. Te ruego que vayas a buscarme alimento: no me importa qué, con tal que sea alimento saludable.

GRUMIO. ¿Qué diríais de un pie de ternera?

CATALINA. Más que bien: tráemelo, por favor.

GRUMIO. Me temo que sea un plato demasiado colérico. ¿Qué diríais de unas tripas bien guisadas?

CATALINA. Me gusta mucho; tráemelo, buen Grumio.

GRUMIO. No sé: me temo que sea un plato demasiado colérico. ¿Qué diríais de un poco de vaca con mostaza?

CATALINA. Es un plato de que me gusta alimentarme.

GRUMIO. Sí, pero la mostaza es un poco calurosa.

CATALINA. Pues entonces la vaca, y deja en paz la mostaza.

GRUMIO. No, entonces no quiero: tomaréis la mostaza, o si no, no os dará vaca Grumio.

CATALINA. Pues las dos cosas, o ninguna, o lo que quieras.

GRUMIO. Entonces, la mostaza sin vaca.

CATALINA. Anda, vete, falso villano engañador *(le pega)*, que me alimentas con el nombre sólo de carne: ¡desgracia sobre ti y todo vuestro hatajo, que os complacéis en mi miseria! Anda, vete, digo.

Entran Petrucho y Hortensio, con comida.

PETRUCHO. ¿Cómo está mi Cata? ¿Qué, cariño, toda decaída?

HORTENSIO. Señora, ¿qué comeréis?

CATALINA. A fe, lo más frío que haya.

PETRUCHO. Levanta los ánimos: mírame alegre. Ea, amor, ya ves qué diligente soy preparándote yo mismo la comida y trayéndotela: estoy seguro, Cata, de que esta bondad merece agradecimiento. ¿Qué, ni palabra? No, entonces no te gusta; y todas mis penas no sirven para nada. Vamos, llevaos este plato.

CATALINA. Por favor, dejadlo estar.

PETRUCHO. El favor más pequeño se recompensa con las gracias, y así ha de ser con el mío antes que toques la comida.

CATALINA. Os doy las gracias, señor.

HORTENSIO. *Signor* Petrucho, ¡vamos! Hacéis mal. Vamos, señora Cata, yo os haré compañía.

PETRUCHO [*aparte*]. Cómetelo todo, Hortensio, si me quieres. ¡Buen provecho le haga a tu dulce corazón! Cata, come de prisa; ahora, mi dulce amor, volveremos a casa de tu padre y haremos tan buenos festines como el que más, con trajes y sombreros de seda, y anillos de oro, con cuellos y puños y miriñaques y todo eso, con bandas, y abanicos, y doble cambio de dijes, con brazaletes de ámbar, cuentas y todas esas porquerías. ¿Qué, has comido? El sastre espera tus órdenes para cubrir tu cuerpo con su crujiente tesoro.

Entra el Sastre.

Vamos, sastre, veamos esos ornamentos: extiende la falda.

Entra el Mercero.

¿Qué hay de nuevo, señor?

MERCERO. Aquí está el sombrero que encargó Vuestra Señoría.

PETRUCHO. ¡Qué! Esto está modelado con un tazón: ¡un plato de terciopelo! ¡Fuera, fuera! Es torpe y sucio: es una concha, una cáscara de nuez, una chuchería, un juguete, una broma, un gorro de niño: ¡fuera con él! Vamos, hazme uno más grande.

CATALINA. No lo quiero más grande: éste va bien con la moda, y las damas llevan sombreros como éste.

PETRUCHO. Cuando seas amable tendrás uno también, pero no antes.

HORTENSIO [*aparte*]. No será de prisa.

CATALINA. Bueno, señor, confío que tendré permiso para hablar, y voy a hablar: no soy una niña, una chiquilla: gente mejor que tú me ha consentido decir lo que pienso: si tú no puedes, tápate los oídos. Mi lengua dirá la ira de tu corazón, o si no, mi corazón se romperá ocultándola, y, antes que eso, me desahogaré hasta el final en palabras, como me plazca.

PETRUCHO. Muy bien, es verdad lo que dices: es un sombrero mezquino, una empanada, un juguete, una torta de seda: te quiero mucho porque no te guste.

CATALINA. Me quieras o no me quieras, me gusta el sombrero, y lo tendré, o no tendré ninguno. *(Se va el Mercero.)*

PETRUCHO. ¿Y tu traje? Pues sí, vamos, sastre, a verlo. ¡Oh Dios, misericordia! ¿Qué disfraz es éste? ¿Esto qué es? ¿Una manga? Parece un medio cañón[14]. ¡Qué!

[14] En sentido arquitectónico, bóveda semicilíndrica.

¿De arriba abajo, cortado como una tarta de manzana? Aquí hay tajos y cortes y agujeros y rendijas y ranuras, como en un pebetero de barbería. ¿Cómo demonios le llamas a esto, sastre?

HORTENSIO [*aparte*]. Ya veo que seguramente se queda sin sombrero ni traje.

SASTRE. Me encargasteis que lo hiciera bien y con cuidado, conforme a la moda del tiempo.

PETRUCHO. Pardiez, así fue, pero, si te acuerdas, no te encargué que lo estropearas a la moda. Ea, vete a casa saltando regato tras regato, que me tendrás que saltar como cliente: no lo quiero: ¡fuera! Haz con él lo que quieras.

CATALINA. Nunca he visto un traje mejor cortado, más curioso, más placentero, ni más agradable: parece que quieres tratarme como una marioneta.

PETRUCHO. Sí, es verdad: éste pretende tratarte como una marioneta.

SASTRE. Dice ella que Vuestra Señoría pretende tratarla como una marioneta.

PETRUCHO. ¡Qué monstruosa arrogancia! ¡Mientes, tú, hilo, dedal, vara de medir, tres cuartos, media yarda, cuarto, pulgada! ¡Tú, pulga, ladilla, grillo de invierno! ¿Me desafías en mi propia casa con un ovillo de hilo? ¡Fuera, andrajo, cantidad, resto; o te mediré con tu vara de medir de tal modo que no pienses en hablar demasiado en toda tu vida! Te digo que has sacado mal el traje.

SASTRE. Vuestra Señoría se engaña: el traje está hecho tal como se le encargó a mi maestro. Grumio dio el encargo de cómo había que hacerlo.

GRUMIO. Yo no le di el encargo: le di el género.

SASTRE. ¿Pero cómo mandaste que se hiciera?

GRUMIO. Pardiez, señor, con hilo y aguja.

SASTRE. ¿Pero no encargaste que fuera acuchillado?

GRUMIO. Has sentado muchas costuras.

SASTRE. Sí.

GRUMIO. Pues no me las vas a sentar a mí: tú has desafiado a muchos valientes; pero a mí no me sientas las costuras ni me desafías. Te digo que encargué a tu maestro que hiciera el traje acuchillado, pero no que lo hiciera a cuchilladas: *ergo* mientes.

SASTRE. Bueno, aquí está la nota sobre el corte para atestiguarlo.
PETRUCHO. Léela.
GRUMIO. La nota es falsa a boca llena si dice que yo lo dije.
SASTRE [*lee*]. «*Imprimis*, un traje de cuerpo suelto».
GRUMIO. Amo, si alguna vez he dicho un traje de cuerpo suelto, que me cosan a sus faldas, y me maten a golpes con un ovillo de hilo pardo: dije un traje.
PETRUCHO. Adelante.
SASTRE [*lee*]. «Con un cuellecito redondo.»
GRUMIO. Confieso lo del cuellecito.
SASTRE [*lee*]. «Con manga ancha.»
GRUMIO. Confieso dos mangas.
SASTRE [*lee*]. «Las mangas muy cortadas.»
PETRUCHO. Sí, ahí está la villanía.
GRUMIO. ¡Error del apunte, señor, error del apunte! Encargué que las mangas estuvieran cortadas y vueltas a coser; y eso te lo demostraré aunque lleves el meñique armado de dedal.
SASTRE. Es verdad lo que digo: si te tuviera en otro sitio, lo sabrías muy bien.
GRUMIO. En seguida estoy contigo: tú toma el apunte de punta, y a mí dame la vara[15]; y no andes con contemplaciones.
PETRUCHO. Bueno, en pocas palabras, señor, que el traje no es para mí.
GRUMIO. Tenéis razón, señor: es para la señora.
PETRUCHO. Vete, quítalo de ahí, y que tu maestro haga lo que quiera.
GRUMIO. ¡Villano, ni por tu vida! ¡Quitarle el traje a mi señora para que tu maestro haga lo que quiera!
PETRUCHO. Pues, ¿qué quieres decir con eso?
GRUMIO. Ah señor, lo que quiero decir es más profundo de lo que piensas: ¡quitarle el traje a mi señora para que su maestro haga lo que quiera! ¡Vamos, vamos, vamos!
PETRUCHO [*aparte*]. Hortensio, ocúpate de pagar al sastre. Vamos, llévatelo de aquí; vete y no hables más.
HORTENSIO [*aparte*]. Sastre, mañana te pagaré el traje:

[15] Se juega con *bill*, a la vez «nota» y «pica, alabarda».

no tomes a mal sus palabras precipitadas: vete ahora, te digo, y dale recuerdos a tu maestro. *(Se va el Sastre.)*

PETRUCHO. Bueno, vamos, mi Cata: iremos a casa de tu padre en estos mismos trajes, sencillos y honrados. Nuestras bolsas serán orgullosas, nuestras ropas, pobres; pues es el alma la que enriquece el cuerpo; y así como el sol se asoma a través de las más oscuras nubes, el honor asoma en el atuendo más bajo. ¿Acaso el grajo es más precioso que la alondra porque sus plumas sean más hermosas? ¿O la víbora es mejor que la anguila porque su piel pintada dé placer a los ojos? Ah no, Cata: tú tampoco eres peor por esta pobre vestimenta y modestas galas. Si lo consideras vergüenza, échame la culpa; así que ponte contenta: nos vamos de aquí en seguida para hacer fiesta y diversión en casa de tu padre. Vamos, llama a mi gente, y vámonos en seguida a verle: que lleven nuestros caballos al extremo del paseo largo: montaremos allí, y hasta allí iremos a pie. Vamos a ver: creo que ahora son cerca de las siete: bien podemos estar allí a la hora de comer.

CATALINA. Me atrevo a asegurarte, señor, que son casi las dos, y será hora de cenar antes de llegar.

PETRUCHO. Serán las siete antes que yo monte a caballo: mira, en todo lo que digo, o hago, o pienso hacer, siempre me llevas la contraria. Señores, dejadlo estar: no me marcho hoy; y, antes que me vaya, ha de ser la hora que yo digo que es.

HORTENSIO. Vaya, este valiente quiere dar órdenes al sol. *(Se van.)*

ESCENA IV

[Padua. Ante la casa de Bautista]

Entran Tranio y el Pedante, vestido como Vincencio.

TRANIO. Señor, ésta es la casa: ¿os parece bien que llame?

PEDANTE. Sí, ¿cómo no? Si no me engaño, el *signor* Bautista podría recordarme desde cuando, hace veinte años, en Génova, nos alojamos juntos en el «Pegaso».

TRANIO. Está bien. De todos modos, comportaos con la austeridad que corresponde a un padre.

PEDANTE. Os lo garantizo.

Entra Biondelo.

Pero, señor, ahí viene vuestro mozo: no estaría mal que se le dieran unas lecciones.

TRANIO. No temáis por él. Mozo, Biondelo, haced ahora vuestra misión a conciencia, os lo aconsejo: imagina que es el verdadero Vincencio.

BIONDELO. Bah, no temáis por mí.

TRANIO. Pero, ¿has llevado tu recado a Bautista?

BIONDELO. Le he dicho que tu padre estaba en Venecia, y que le buscabas hoy en Padua.

TRANIO. Eres un gran tipo: toma esto para beber. Aquí viene Bautista: acomodad vuestro rostro.

Entran Bautista y Lucencio[16].

Signor Bautista, en buena hora os encuentro. *(Al Pedante.)* Señor, éste es el caballero de que os hablé: os ruego que seáis ahora un buen padre para mí y me deis a Blanca como patrimonio.

PEDANTE. ¡Calla, hijo! Señor, con vuestra licencia: habiendo llegado de Padua para cobrar ciertas deudas, mi hijo Lucencio me ha dado a conocer una importante causa de amor entre vuestra hija y él: y, por los buenos informes que oigo de vos, y por el amor que él tiene por vuestra hija, y ella por él, para no retardarlo mucho, estoy contento con que se case, por mi cuidado de buen padre; y si os place consentir igual que yo, tras de algún acuerdo, me encontraréis dispuesto y decidido con el mismo consentimiento a que se la otorgue así: pues no puedo ser exigente con vos, *signor* Bautista, de quien tanto bueno oigo decir.

BAUTISTA. Señor, perdonadme lo que os voy a decir. Vuestra franqueza y vuestra brevedad me agradan mucho. Es muy cierto que vuestro hijo Lucencio, aquí presente, ama a mi hija, y ella le ama a él, o ambos fingen profundamente sus afectos: así que, si no tenéis más que decir sino que os queréis portar con él como un padre y pasar a mi hija suficientes bienes, el matrimo-

[16] Alguna edición añade aquí: «el Pedante, con botas y sin sombrero», indicación que suponemos que debería estar al principio de la escena.

nio está hecho, y todo está terminado: vuestro hijo tendrá a mi hija con mi consentimiento.

TRANIO. Os doy las gracias, señor. ¿Dónde, entonces, creéis mejor que firmemos y demos garantías que obtengan el acuerdo de ambas partes?

BAUTISTA. No en mi casa, Lucencio, pues ya sabéis, las paredes oyen[17], y tengo muchos criados, y además, el viejo Gremio está siempre acechando, y acaso pudiéramos ser interrumpidos.

TRANIO. Entonces en mi alojamiento, si os place: allí reside mi padre, y allí, esta noche, arreglaremos el asunto bien y con reserva. Mandad a buscar a vuestra hija con este criado vuestro; mi mozo traerá en seguida al escribano. Lo malo es que, con tan poco tiempo de aviso, seguramente tendréis una comida pobre y escasa.

BAUTISTA. Me parece bien. Cambio, vete a casa, y di a Blanca que se prepare en seguida; y, si quieres, dile lo que ha pasado: que el padre de Lucencio ha llegado a Padua, y que ella va a ser esposa de Lucencio. *(Se va Lucencio.)*

BIONDELO. ¡Ruego a los dioses que así sea, con todo mi corazón!

TRANIO. No bromees con los dioses, sino vete. *(Biondelo empieza a marcharse.)* *Signor* Bautista, ¿os enseño el camino? ¡Bien venido! Quizá tengáis una comida de un solo plato: vamos, señor: lo mejoraremos en Pisa.

BAUTISTA. Os sigo. *(Se van Tranio, el Pedante y Bautista.)*

BIONDELO [*volviendo a llamar a Lucencio*]. ¡Cambio!

Vuelve a entrar Lucencio.

BIONDELO. ¿Habéis visto cómo mi amo guiñaba el ojo y os sonreía?

LUCENCIO. ¿Y qué, Biondelo?

BIONDELO. A fe, nada; pero me ha dejado a mí atrás, para exponer el significado y moraleja de sus signos y señales.

LUCENCIO. Por favor, moralízalos.

BIONDELO. Pues así: Bautista está tan tranquilo hablando con el padre engañoso de un hijo engañoso.

LUCENCIO. ¿Y qué le pasa?

[17] En inglés, la frase proverbial es *pitchers have ears*, «los jarros tienen oídos».

BIONDELO. Tenéis que llevar a su hija a la cena.
LUCENCIO. ¿Y qué más?
BIONDELO. El viejo sacerdote de la iglesia de San Lucas está a vuestras órdenes a todas horas.
LUCENCIO. ¿Y con todo eso, qué?
BIONDELO. No sé decir: sino que están ocupados con una garantía falsa: aseguráosla, *cum privilegium ad imprimendum solum*[18]; ¡a la iglesia! Llevad al cura, al escribano y suficientes testigos honrados. Si no es eso lo que pretendéis, no tengo más que decir, sino decid adiós a Blanca para siempre jamás.
LUCENCIO. Escucha, Biondelo.
BIONDELO. No puedo retrasarme: conocí a una muchacha que se casó una tarde que bajó al huerto por perejil para rellenar un conejo: así podéis hacer, señor; con que, adiós, señor. Mi amo me ha mandado que vaya a San Lucas a decir al cura que se prepare a saliros al encuentro cuando lleguéis con vuestra apéndice. *(Se va.)*
LUCENCIO. Puedo hacerlo y lo haré si a ella le parece bien: a ella le parecerá bien: ¿por qué dudo, entonces? Pase lo que pase, iré de prisa por ella. Difícil será que Cambio se vaya sin ella. *(Se va.)**

ESCENA V

[Una carretera]

Entran Petrucho, Catalina, Hortensio y Criados.

PETRUCHO. Vamos adelante, en nombre de Dios: una vez más, a casa de nuestro padre. ¡Señor, qué clara y serena brilla la luna!
CATALINA. ¡La luna! El sol: ahora no hay claro de luna.
PETRUCHO. Digo que es la luna lo que brilla tan claro.

[18] Los términos legales del *copyright* o exclusiva de propiedad del autor de un libro.

* [En *La doma de una furia*, se añadía:
SLY. Sim, ¿se van a casar ahora?
SEÑOR. Sí, señor.
Entran Ferando (= Petrucho) *y Catalina y Sander* (= Hortensio).
SLY. Mira, Sim, ahí vuelve el loco.]

CATALINA. Sé que es el sol lo que brilla tan claro.

PETRUCHO. Pues, por el hijo de mi madre, que soy yo mismo, ha de ser luna, o estrella, o lo que se me antoje, antes que yo siga adelante a casa de tu padre. Vamos, llevaos atrás nuestros caballos otra vez. Siempre llevándome la contraria: ¡nada más que la contraria!

HORTENSIO [*a Catalina*]. Di como dice él, o nunca iremos.

CATALINA. Adelante, por favor, puesto que hemos llegado hasta aquí: sea luna, o sol, o lo que te plazca: si te place llamarlo una palmatoria, desde ahora te juro que así será para mí.

PETRUCHO. Digo que es la luna.

CATALINA. Sé que es la luna.

PETRUCHO. No, entonces mientes: es el sol bendito.

CATALINA. Entonces, bendito sea Dios, es el sol bendito: pero no es sol, si dices que no lo es; y la luna cambia igual que tu ánimo. Como quieras nombrarlo, eso mismo es; y lo mismo será para Catalina.

HORTENSIO. Petrucho, sigue por tu camino: has ganado la batalla.

PETRUCHO. Bueno, adelante, adelante: así ha de correr la bola, sin llevar desdichadamente la contraria al bies[19]. Pero, ¡silencio! Aquí viene gente.

Entra Vincencio.

[*A Vincencio.*] Buenos días, amable señora; ¿adónde vas? Dime, Cata, y dímelo de veras, ¿has visto una dama más agradable? ¡Qué guerra de blanco y rojo en sus mejillas! ¿Qué estrellas tachonan el cielo de tal belleza como esos ojos adornando esa cara celestial? Hermosa y deliciosa doncella: una vez más, buenos días. Dulce Cata, abrázala en homenaje a esa belleza.

HORTENSIO. Se pondrá loco el hombre, de que le hagan mujer.

CATALINA. Joven virgen floreciente, hermosa, fresca y dulce, ¿adónde vas, y dónde moras? ¡Dichosos los padres de tan linda hija: más dichoso el hombre a quien las estrellas propicias le concedan tenerte por deliciosa compañera de lecho!

[19] El «bies» *(bias)* era, según algunos, un peso de plomo adherido a la bola, en el juego de los bolos, para dar efecto al tirar; según otros, una inclinación en el terreno que desviaba la trayectoria de la bola.

PETRUCHO. ¿Qué es eso, Cata? Espero que no estés loca: es un hombre viejo, arrugado, marchito, decaído: y no es una doncella, como dices que es.
CATALINA. Perdón, abuelo, por la confusión de mis ojos, tan deslumbrados por el sol, que todo lo que veo parece verde[20]: ahora me doy cuenta de que eres un respetable padre; perdón, te suplico, por mi loca confusión.
PETRUCHO. Perdónala, buen abuelo, y a la vez haznos saber adónde es tu viaje: si vas con nosotros, nos alegrará tu compañía.
VINCENCIO. Noble señor, y vos, mi bromista señora, que me habéis pasmado con vuestro encuentro: me llamo Vincencio: vivo en Pisa; y voy a Padua para visitar allí a un hijo mío al que no he visto hace mucho.
PETRUCHO. ¿Cómo se llama?
VINCENCIO. Lucencio, noble señor.
PETRUCHO. Felizmente te hemos hallado, y más felizmente aún para tu hijo. Ahora, de modo legítimo, así como por la ancianidad respetable, te puedo dar el título de padre querido: la hermana de mi esposa, esta dama, se habrá casado con tu hijo a estas horas. No te sorprenda, ni te aflija: es de buena estimación, de rica dote y de ilustre nacimiento; y con cualidades, en lo demás, como para ser esposa de cualquier noble caballero. Déjame abrazar al viejo Vincencio, y andemos a ver a tu honrado hijo, que tendrá el mayor gozo con tu llegada.
VINCENCIO. Pero, ¿es cierto eso? ¿O bien os divertís, como viajeros bromistas, en gastar bromas a los compañeros que encontráis?
HORTENSIO. Te aseguro, padre, que es verdad.
PETRUCHO. Ea, vamos allá, y veamos esa verdad: pues nuestro primer regocijo te ha hecho suspicaz. *(Se van todos, menos Hortensio.)*
HORTENSIO. Bueno, Petrucho, esto me da ánimo. ¡Allá voy por mi viuda! Y si ella es reacia, entonces, tú has enseñado a Hortensio a ser testarudo. *(Se va.)*

[20] Por el sentido en que se dice «los verdes años», «verde» era juvenil y amoroso.

ACTO QUINTO

ESCENA PRIMERA

[Padua. Ante la casa de Lucencio]

Está Gremio, solo. Entran, por el fondo, Biondelo, Lucencio y Blanca.

BIONDELO. De prisa y callados, señor: porque el cura está preparado.

LUCENCIO. Voy volando, Biondelo: pero quizá te necesiten en casa, así que déjanos.

BIONDELO. No, a fe, quiero ver la iglesia a vuestra espalda, y luego volveré con mi amo tan pronto como pueda. *(Se van Lucencio, Blanca y Biondelo.)*

GREMIO. Me asombra que Cambio no aparezca en todo este tiempo.

Entran Petrucho, Catalina, Vincencio, Grumio y Acompañantes.

PETRUCHO. Señor, ésta es la puerta, ésta es la casa de Lucencio: la de mi suegro queda más hacia la plaza del mercado: tengo que ir allá, y aquí os dejo, señor.

VINCENCIO. No podéis menos de beber antes de marcharos: creo que os haré recibir bien aquí, y, muy seguramente, habrá comida a punto. *(Llama.)*

GREMIO. Están muy ocupados dentro: mejor es que llaméis más fuerte.

El Pedante se asoma a la ventana.

PEDANTE. ¿Quién llama como si quisiera echar abajo la puerta?

VINCENCIO. ¿Está dentro el *signor* Lucencio?

PEDANTE. Está dentro, señor, pero no se puede hablar con él.

VINCENCIO. ¿Y si uno le trae cien o doscientas libras para divertirse?

PEDANTE. Guardaos vuestras cien libras: no las necesitará, mientras viva yo.

PETRUCHO. No, si ya os dije que a vuestro hijo se le quería mucho en Padua. Escuchad, señor: dejando detalles nimios, os ruego que digáis al *signor* Lucencio que ha llegado su padre de Pisa, y está aquí a la puerta para hablar con él.

PEDANTE. Mientes: ha llegado su padre de Pisa, y aquí está asomado a la ventana.

VINCENCIO. ¿Eres tú su padre?

PEDANTE. Sí, señor: eso dice su madre, si he de creerla.

PETRUCHO [*a Vincencio*]. ¡Qué es eso, caballero! Vaya, es pura bribonada tomar el nombre de otro.

PEDANTE. Detened a este granuja: creo que pretende estafar a alguien de la ciudad bajo mi nombre.

Vuelve a entrar Biondelo.

BIONDELO. Ya les he visto juntos en la iglesia: ¡Dios les dé buena salida! [*Aparte.*] Pero, ¿quién está aquí? ¡Mi viejo amo Vincencio! Ahora estamos perdidos y estamos aniquilados.

VINCENCIO [*al ver a Biondelo*]. Ven acá, carne de horca.

BIONDELO. Espero poder hacer lo que me parezca, señor.

VINCENCIO. Ven acá, pícaro. ¿Qué, te has olvidado de mí?

BIONDELO. ¡Olvidarme de vos! No, señor: no podría olvidarme de vos, porque nunca en mi vida os he visto.

VINCENCIO. ¿Cómo, granuja probado, nunca has visto al padre de tu amo, Vincencio?

BIONDELO. ¿Qué, a mi viejo y venerado viejo amo? Sí, pardiez, señor: miradle ahí asomado a la ventana.

VINCENCIO. ¿Conque así es? *(Pega a Biondelo.)*

BIONDELO. ¡Socorro, socorro, socorro! Aquí hay un loco que me quiere matar. *(Se va.)*

PEDANTE. ¡Auxilio, hijo! ¡Auxilio, *signor* Bautista! *(Se retira de la ventana.)*

PETRUCHO. Permítame, Cata: vamos a apartarnos a un lado, a ver en qué para la discusión. [*Se apartan a un lado.*]

Vuelven a entrar, abajo, el Pedante, Tranio, Bautista y Criados.

TRANIO. ¿Quién sois vos, señor, que queréis pegar a mi criado?

VINCENCIO. ¡Que quién soy yo, señor! ¡Qué!, ¿quién eres tú? ¡Ah dioses inmortales! ¡Ah estupendo granuja! ¡Qué jubón de seda! ¡Qué calzas de terciopelo! ¡Qué capa escarlata! ¡Qué sombrero en punta! ¡Ah, estoy perdido, estoy perdido! Mientras yo hago de buen marido en casa, mi hijo y mi criado se lo gastan todo en la Universidad.

TRANIO. ¿Qué ocurre? ¿Qué pasa?

BAUTISTA. ¿Está lunático este hombre?

TRANIO. Señor, por vuestro aspecto parecéis un anciano caballero cuerdo, pero por vuestras palabras os mostráis loco. Pues, señor, ¿qué os importa que yo lleve perlas y oro? Gracias a mi buen padre me lo puedo permitir.

VINCENCIO. ¡Tu padre! ¡Villano! Es un tejedor de velas en Bérgamo.

BAUTISTA. Os confundís, señor, os confundís. Por favor, ¿cómo creéis que se llama?

VINCENCIO. ¡Que cómo se llama! ¡Como si no supiera cómo se llama! Le he criado desde que tenía tres años, y se llama Tranio.

PEDANTE. ¡Fuera, fuera, asno loco! Se llama Lucencio, y es mi único hijo, y yo, el *signor* Lucencio, le he hecho heredero de todas mis tierras.

VINCENCIO. ¡Lucencio! ¡Ah, ha asesinado a su amo! ¡Detenedle, os lo mando, en nombre del Duque! ¡Ah, mi hijo, mi hijo! Dime, villano, ¿dónde está mi hijo Lucencio?

TRANIO. Llamad a un alguacil.

Entra uno con un Alguacil.

Llevaos a este loco granuja a la cárcel. Padre Bautista, os encargo que cuidéis de que se lo lleven.

VINCENCIO. ¡Llevarme a mí a la cárcel!

GREMIO. Alto, alguacil: no irá a prisión.

BAUTISTA. No habléis, *signor* Gremio: os digo que irá a prisión.

GREMIO. Tened cuidado, *signor* Bautista, no sea que os enreden en este asunto: me atrevería a jurar que ése es el verdadero Vincencio.

PEDANTE. Júralo, si te atreves.
GREMIO. No, no me atrevo.
TRANIO. Entonces sería mejor que dijeras que no soy Lucencio.
GREMIO. Sí, sé que eres el *signor* Lucencio.
BAUTISTA. ¡Fuera con el loco! ¡A la cárcel con él!
VINCENCIO. Así se puede insultar y ofender a los forasteros: ¡ah granuja monstruoso!

Vuelve a entrar Biondelo, con Lucencio y Blanca.

BIONDELO. ¡Ah, estamos perdidos! Y... allí está: negadle, abjurad de él, o si no, estamos perdidos.
LUCENCIO. Perdón, dulce padre. [*Se arrodilla.*]
VINCENCIO. ¿Está vivo mi dulce hijo? *(Se van Biondelo, Tranio y el Pedante, tan de prisa como pueden.)**
BLANCA. Perdón, querido padre.
BAUTISTA. ¿En qué me has ofendido? ¿Dónde está Lucencio?
LUCENCIO. Aquí está Lucencio, verdadero hijo del verdadero Vincencio, que por matrimonio he hecho mía a tu hija, mientras unos supuestos[1] falsos te cegaban los ojos.
GREMIO. ¡Vaya conspiración, con un testigo, para engañarnos a todos!
VINCENCIO. ¿Dónde está ese condenado granuja de Tranio, que me hizo frente y me desafió así en este asunto?
BAUTISTA. Pues decidme, ¿no es éste mi Cambio?
BLANCA. Cambio se ha cambiado en Lucencio.
LUCENCIO. El amor ha producido estos milagros. El amor de Blanca me ha hecho cambiar de puesto con Tranio, mientras él representaba mi papel en la ciudad: y por fortuna he llegado al final hasta el deseado puerto de mi felicidad. Lo que hizo Tranio, yo mismo le obligué a hacerlo: perdonadle, pues, dulce padre, por mí.

* [En *La doma de una furia*, Sly y el Señor comentan:
SLY. Digo que no vamos a tener nada de cárcel.
SEÑOR. Señor, si no es más que la comedia, están en broma sólo.
SLY. Te digo, Sim, que no vamos a tener nada de cárcel, está claro. Ea, Sim, ¿no soy Don Christo Vary? Así que digo que no van a ir a la cárcel.
SEÑOR. Ya no irán, señor. Se están escapando a la carrera.
SLY. ¿Ya se han escapado, Sim? Está bien. Entonces dame más de beber, y que sigan con la función.
SEÑOR. Aquí está, mi señor. *(Sly bebe y luego se queda dormido.)*]

[1] Se alude a la obra *Supposes*, de Gascoigne, que inspiró esta parte de la intriga.

VINCENCIO. Le cortaré la nariz al villano que me quería mandar a la cárcel.

BAUTISTA. Pero, oír, señor, ¿os habéis casado con mi hija sin pedir mi consentimiento?

VINCENCIO. No tengáis miedo, Bautista; os contentaremos, vamos; pero yo voy allá, a vengarme de esa villanía. *(Se va.)*

BAUTISTA. Y yo, a sondear la profundidad de esta bribona. *(Se va.)*

LUCENCIO. No te pongas pálida, Blanca: tu padre no seguirá ceñudo. *(Se van Lucencio y Blanca.)*

GREMIO. ¡La he hecho buena! Pero iré allá con los demás: sin esperanza ya de nada, sino de mi parte en el festín. *(Se va.)*

CATALINA. Marido, sigámosles, a ver en qué para todo esto.

PETRUCHO. Primero bésame, Cata, y ya iremos.

CATALINA. ¿Qué, en medio de la calle?

PETRUCHO. ¿Qué, te da vergüenza de mí?

CATALINA. No, señor, no lo quiera Dios, pero me da vergüenza de besar.

PETRUCHO. Pues entonces, vamos a mi casa otra vez. Ea, mozo, vamos.

CATALINA. No, te daré un beso: ahora te ruego que te quedes, amor.

PETRUCHO. ¿No está bien? Ven, mi dulce Cata: mejor una vez que nunca, pues nunca es tarde. *(Se van.)**

* [En *La doma de una furia*:
(Sly duerme.)

SEÑOR. ¿Quién hay ahí dentro? Venid acá, mozos. *(Entran Criados.)* Mi señor se ha vuelto a dormir. Lleváosle tranquilamente, y volvedle a poner su ropa, y dejadle en el sitio donde le encontramos, allí mismo al pie de la taberna de ahí abajo, pero cuidado no le despertéis en ningún caso.

MUCHACHO. Así se hará, señor. Venid a ayudar a sacarle de aquí. *(Se van.)*]

ESCENA II

[Padua. En casa de Lucencio]

Entran Bautista, Vincencio, Gremio, el Pedante, Lucencio, Blanca, Petrucho, Catalina, Hortensio, una Viuda, Tranio, Biondelo y Grumio: los Criados, con Tranio, sacan un refrigerio.

LUCENCIO. Al fin, aunque después de mucho, nuestras notas discordantes armonizan, y llega el tiempo, terminada la furiosa guerra, en que sonreír de los peligros y las tempestades de que hemos escapado. Mi hermosa Blanca, da la bienvenida a mi padre, mientras yo recibo al tuyo con el mismo cariño. Hermano Petrucho, hermana Catalina, y tú, Hortensio, con tu amorosa viuda, festejad con lo mejor, y bien venido a mi casa: este refrigerio es para acabar de cerrar nuestros estómagos después de nuestro gran banquete. Por favor, sentaos; pues ahora nos sentamos para charlar tanto como para comer.

PETRUCHO. ¡Siempre sentarse y sentarse, y comer y comer!

BAUTISTA. Padua ofrece esta amabilidad, hijo Petrucho.

PETRUCHO. Padua ofrece sólo cosas amables.

HORTENSIO. Por nosotros dos, ojalá sea verdad eso.

PETRUCHO. Por vida mía, ahora Hortensio tiene miedo de su viuda.

VIUDA. Entonces no os fiéis nunca de mí, si tengo miedo.

PETRUCHO. Sois muy sensata, pero no entendéis el sentido de lo que digo: quiero decir que Hortensio os tiene miedo.

VIUDA. El que está mareado, cree que el mundo da vueltas.

PETRUCHO. Réplica en redondo.

CATALINA. Señora, ¿cómo entendéis eso?

VIUDA. Eso es lo que él me hace concebir.

PETRUCHO. ¡Que os hago concebir! ¿Qué le parece eso a Hortensio?

HORTENSIO. Dice mi viuda que así concibe este asunto.

PETRUCHO. Muy bien arreglado. Dale un beso por eso, buena viuda.

CATALINA. «El que está mareado, cree que el mundo da vueltas»: por favor, decidme qué entendéis con eso.

VIUDA. Vuestro marido, atormentado por una furia, mide las aflicciones de mi marido por las suyas: ahora sabéis el sentido de lo que quiero decir.

CATALINA. Un sentido muy sin sentido.

VIUDA. Eso es, en vuestro sentido.

CATALINA. Pues conmigo eso os va a costar un sentido[2].

PETRUCHO. ¡Hala con ella, Cata!

HORTENSIO. ¡Hala con ella, viuda!

PETRUCHO. Van cien marcos a que mi Cata la tira de espaldas.

HORTENSIO. Eso entra en mis funciones.

PETRUCHO. Hablas como un funcionario. Ea, por ti, muchacho. *(Bebe a la salud de Hortensio.)*

BAUTISTA. ¿Qué le parecen a Gremio esos ingeniosos?

GREMIO. Creedme, señor, que se hacen frente muy bien.

BLANCA. ¡Frente, y de cabeza! Un ingenio rápido diría que el que hagas frente le sabe a cuerno quemado[3].

VINCENCIO. Vaya, señora esposa, ¿eso te ha despertado?

BLANCA. Sí, pero sin asustarme: así que me vuelvo a dormir.

PETRUCHO. No, no será: ya que has empezado, ponte en guardia contra una broma pesada o dos.

BLANCA. ¿Acaso soy tu pájara? Pues pienso cambiar de matorral, y entonces perseguidme tendiendo el arco. Bien venidos todos. *(Se van Blanca, Catalina y la Viuda.)*

PETRUCHO. ¡Me ha esquivado! Ahí está, *signor* Tranio, el ave que apuntaste sin darle: así que un brindis por todos los que disparan y yerran.

TRANIO. Ah, señor, Lucencio me dio suelta como a su galgo, corriendo él y cazando para su amo.

PETRUCHO. Una comparación buena y rápida, pero un poco perruna.

[2] Se juega con *mean*, «bajo, mezquino»; *to mean*, «querer decir, significar», y *meaning*, «significado».

[3] En el original se juega con *head*, «cabeza», y *butt*; *to butt*, «embestirse» y *butt* «cabo, culata». Por lo que en la respuesta se dice [*your head and butt*] *were head and horn*, «sería cabeza y cuerno».

TRANIO. Bueno es, señor, que cazarais por vos mismo: se piensa que vuestra cierva os tiene hecho un siervo[4].

BAUTISTA. ¡Eh, Petrucho! Tranio te ha dado ahora en lo vivo.

LUCENCIO. Te agradezco el golpe, buen Tranio.

HORTENSIO. Confiesa, confiesa, ¿no te ha herido con eso?

PETRUCHO. Me ha arañado un poco, lo confieso, y, como la saeta ha rebotado en mí, apuesto diez a uno a que os ha destrozado de lleno a vosotros dos.

BAUTISTA. Ahora con toda seriedad, hijo Petrucho, creo que te llevas a la mayor furia de todas.

PETRUCHO. Bueno, pues digo que no: y, para convenceros, que cada cual mande llamar a su mujer: y aquel cuya mujer sea la más obediente para venir en seguida que él la llame, ganará la apuesta que haremos.

HORTENSIO. De acuerdo. ¿Cuánto es la apuesta?

LUCENCIO. Veinte coronas.

PETRUCHO. ¡Veinte coronas! Eso lo apostaré por mi halcón o por mi perro, pero veinte veces más por mi mujer.

LUCENCIO. Cien entonces.

HORTENSIO. De acuerdo.

PETRUCHO. ¡Entendidos! Está hecho.

HORTENSIO. ¿Quién empieza?

LUCENCIO. Seré yo. Ve, Biondelo, y di a tu señora que venga conmigo.

BIONDELO. Voy. *(Se va.)*

BAUTISTA. Hijo, voy a medias contigo a que Blanca viene.

LUCENCIO. No parto mitades: lo llevo todo yo.

Vuelve a entrar Biondelo.

¿Qué hay? ¿Qué cuentas?

BIONDELO. Señor, mi señora os manda recado de que está ocupada y no puede venir.

PETRUCHO. ¡Cómo! ¡Está ocupada y no puede venir! ¿Es eso una respuesta?

GREMIO. Sí, y amable también: pedid a Dios, señor, que vuestra esposa no os la mande peor.

PETRUCHO. Yo la espero mejor.

HORTENSIO. Biondelo, mozo, ve a rogar a mi esposa que venga conmigo en seguida. *(Se va Biondelo.)*

[4] Se juega con *deer*, «ciervo, cierva», de igual sonido que *dear*, «querido (a)».

PETRUCHO. ¡Ahí va! ¡Rogarla! No, entonces tendrá que venir por fuerza.

HORTENSIO. Me temo, señor, que hagáis lo que hagáis, la vuestra no se dejará rogar.

Vuelve a entrar Biondelo.

Vamos, ¿dónde está mi esposa?

BIONDELO. Dice que debéis tener entre manos alguna buena broma y que no va a venir: os pide que vayáis con ella.

PETRUCHO. Peor y peor: ¡no quiere venir! ¡Ah cosa vil, intolerable, que no se ha de soportar! Mozo, Grumio, ve a tu señora; di que le mando venir conmigo. *(Se va Grumio.)*

HORTENSIO. Ya sé su respuesta.

PETRUCHO. ¿Cuál?

HORTENSIO. Que no quiere.

PETRUCHO. Mala suerte para mí y se acabó.

BAUTISTA. ¡Cómo, por Nuestra Señora, ahí viene Catalina!

Vuelve a entrar Catalina.

CATALINA. ¿Qué deseas, señor, que me mandas a buscar?

PETRUCHO. ¿Dónde están tu hermana, y la mujer de Hortensio?

CATALINA. Están sentadas, hablando al fuego del salón.

PETRUCHO. Ve a traerlas acá: si se niegan a venir, mándamelas a puros azotes junto a sus maridos: fuera, digo, y tráelas acá en seguida. *(Se va Catalina.)*

LUCENCIO. Eso sí que es milagro, si se habla de milagros.

HORTENSIO. Así es: no sé lo que presagiará.

PETRUCHO. Pardiez, presagia calma, y amor, y vida tranquila, obediencia respetuosa y justa supremacía; y, para ser breve, ¿por qué no todo lo dulce y lo feliz?

BAUTISTA. ¡Bueno, que tengas suerte, buen Petrucho! Has ganado la apuesta y yo añadiré a las pérdidas de éstos veinte mil coronas: otra dote para otra hija, pues está cambiada, como nunca ha sido.

PETRUCHO. No, aún ganaré mejor mi apuesta, y mostraré más señales de su obediencia, de su virtud recién fundada y su obediencia. Mirad dónde viene, trayendo a vuestras reacias esposas, como prisioneras de su femenil elocuencia.

Vuelve a entrar Catalina, con Blanca y la Viuda.

Catalina, ese gorro no te sienta bien: fuera con esa tontería, aplástalo con los pies. [*Catalina obedece.*]

VIUDA. Señor, no me déis jamás tal motivo para suspirar, antes de verme llevada a tan ridículo paso.

BLANCA. ¡Vergüenza! ¿Qué estúpida obediencia es ésta?

LUCENCIO. Ojalá tu obediencia fuera igual de estúpida: la sensatez de tu obediencia me ha costado cien coronas desde la cena hasta ahora.

BLANCA. El estúpido eres tú, apostando por mi obediencia.

PETRUCHO. Catalina, te mando decir a esas tercas mujeres qué obediencia deben a sus señores esposos.

VIUDA. Vamos, vamos, te burlas: no queremos lecciones.

PETRUCHO. Vamos allá, digo: y empicza primero con ésta.

VIUDA. No lo hará.

PETRUCHO. Digo que lo hará: empieza primero con ésta.

CATALINA. ¡Vergüenza, vergüenza! Desanuda ese amenazador ceño cruel; y no dispares miradas despectivas por esos ojos, para herir a tu señor, tu rey, tu gobernador: mancha tu belleza igual que los torbellinos al arrancar los hermosos capullos, sin ser en nada suave ni amable. Una mujer enojada es como una fuente enturbiada, fangosa, fea, opaca, privada de belleza; mientras está así, nadie tendrá tanta sed ni sequedad como para dignarse sorber o tocar una gota suya. Tu marido es tu señor, tu vida, tu guardián, tu cabeza, tu soberano: quien se cuida de ti, y para mantenerte aplica su cuerpo al penoso trabajo, en tierra y en mar, velando toda la noche en la tormenta, y pasando el día al frío, mientras tú descansas caliente en casa, segura y a salvo; y no anhela de tus manos otro tributo sino amor, miradas gratas y obediencia fiel: bien poco pago por tan gran deuda. Igual obediencia que el súbdito al príncipe debe una mujer a su marido; y cuando es reacia, terca, malhumorada, agria, y no obedece a su honrado deseo, ¿qué es sino una malvada rebelde desordenada, una traidora imperdonable contra su amante señor? Me da vergüenza que las mujeres sean tan tontas como para hacer la guerra cuando deberían arrodillarse pidiendo paz; y que busquen el mando, la supremacía y el dominio, cuando están sujetas a servir, amar y obedecer. ¿Para qué son nuestros cuerpos blandos y débiles y suaves, incapaces de lucha y agitación en el mundo, sino para que nuestra condición suave y nuestros corazones vayan bien de acuerdo con nuestras condiciones externas? ¡Vamos, vamos, gusanos tercos e incapaces! Mi ánimo ha sido tan grandioso como el vuestro; mi corazón igual de grande, mi razón, quizá más, para hacer rebotar palabra por palabra y mala cara por mala cara; pero ahora veo que nuestras lanzas no son sino cañas, nuestra fuerza es debilidad, nuestra debilidad, sin comparación, pareciendo ser más lo que menos somos. Así que bajad los humos, pues de nada sirve, y poned las manos bajo los pies de vuestro marido: en señal de lo cual, si le place, mi mano está dispuesta si así lo manda.

PETRUCHO. ¡Vaya, qué muchacha! Ven acá y dame un beso, Cata.

LUCENCIO. Bueno, sigue tu camino, compadre; porque te sales con la tuya.

VINCENCIO. Da gusto oír que los niños sean obedientes.

LUCENCIO. Pero es duro de oír que las mujeres sean reacias.

PETRUCHO. Ea, Cata, vamos a la cama. Los tres nos hemos casado, pero vosotros dos estáis despachados. Yo gané la apuesta, aunque tú dieras en la diana de tu Blanca[5]. [*A Lucencio.*] Y así, ahora que soy ganador, ¡Dios os dé buenas noches!

Se van Petrucho y Catalina.

HORTENSIO. Bueno, sigue por tu camino. Has domado una furia maldita.

LUCENCIO. Con vuestra licencia, es un milagro que se deje domar así. *(Se van.)**

[5] *White*, a la vez «blanco», «blanca» y «diana del blanco».

* [En *La doma de una furia*, se añade esta escena:

Entran dos llevando a Sly otra vez con su ropa, y le dejan donde le encontraron, y luego se van. Entra entonces el Tabernero.

TABERNERO. Ahora que la oscura noche ya ha quedado atrás, y el día alborea en el cielo cristalino, ahora, me tengo que marchar a toda prisa. Pero, calla, ¿qué es esto? ¿Cómo, Sly? ¡Qué raro! ¿Ha estado toda la noche aquí tendido? Le despertaré. Creo que estará muerto de hambre a estas horas, pero tenía la tripa bien llena de cerveza. ¡Hola, Sly! Despierta, ¡qué vergüenza!

SLY. Sim, dame más vino. Cómo, ¿se han ido todos los cómicos? ¿No soy un señor?

TABERNERO. Un señor con una cogorza. Vamos, ¿sigues borracho?

SLY. ¿Quién es éste? ¡El tabernero! Ah Señor, he tenido esta noche el sueño más hermoso que has oído contar en tu vida.

TABERNERO. Sí, pardiez, pero más vale que te vayas a casa, porque tu mujer te va a zurrar por soñar aquí esta noche.

SLY. ¿Me va a zurrar? Ahora sé cómo domar a una furia. Lo he soñado toda esta noche hasta ahora, y me has despertado del mejor sueño que he tenido en mi vida. Pero voy a ver a mi mujer, y la voy a domar también si está furiosa conmigo.

TABERNERO. No, espera, Sly, porque voy contigo a casa, y oiré el resto de lo que has soñado esta noche. *(Se van.)*]

EL MERCADER DE VENECIA

PERSONAJES

El Dogo de Venecia
El Príncipe de Marruecos } pretendientes de Porcia
El Príncipe de Aragón }
Antonio, mercader de Venecia
Bassanio, amigo suyo
Graciano }
Solanio } amigos de Antonio y Bassanio
Salarino }
Lorenzo, enamorado de Yésica
Shylock, un rico judío
Tubal, judío, amigo suyo
Lanzarote Chepa, gracioso, criado de Shylock
El Viejo Chepa, padre de Lanzarote
Salerio, un mensajero[1]
Leonardo, criado de Bassanio
Baltasar } criados de Porcia
Estéfano }
Porcia, rica heredera
Nerisa, su doncella
Yésica, hija de Shylock
Senadores de Venecia, Oficiales del Tribunal de Justicia, Carcelero, Criados de Porcia y otros acompañantes

[La acción, en parte en Venecia y en parte en Belmonte, finca de Porcia en tierra firme]

[1] Se ha sugerido que Salerio tal vez sea el mismo Salarino. No están claros, por otra parte, los nombres de Solanio y Salarino, que en el manuscrito estarían sólo por sus abreviaturas *Sal.* y *Sol.*, fácilmente confundibles. Cuando aparece Salerio (Acto III, Escena II) se le nombra de tal modo que su papel parecería corresponder más propiamente a Solanio o a Salarino.

ACTO PRIMERO

ESCENA PRIMERA

[Venecia. Una calle]

Entran Antonio, Salarino y Solanio.

ANTONIO. A fe, no sé por qué estoy tan triste: me fatiga y decís que os fatiga; pero todavía no he llegado a saber cómo he contraído esto, o encontrado o adquirido; de qué materia está hecho y de dónde ha nacido; y la tristeza me tiene tan estúpido que me cuesta mucho reconocerme.

SALARINO. Tu ánimo está zarandeado por el océano, donde tus bajeles de majestuosas velas, como grandes señores y ricos burgueses de las olas, o, se diría, como los carros triunfales del mar, miran por encima del hombro a los mezquinos traficantes que se inclinan ante ellos, haciéndoles reverencias, al pasar volando a su lado con sus tejidas alas.

SOLANIO. Créeme, que si yo hubiera aventurado tanto, la mejor parte de mis sentimientos estaría en alta mar con mis esperanzas. Siempre andaría arrancando hierbas para saber de dónde sopla el viento, escudriñando mapas en busca de puertos, muelles y fondeaderos; y me entristecería sin duda con todo objeto que me pudiera hacer temer una desgracia para mis mercancías aventuradas.

SALARINO. Mi soplo, al enfriar la sopa, me daría aliento de fiebre al pensar qué daño puede hacer en el mar un viento demasiado grande. No vería correr la arena del reloj sin pensar en escollos y bajíos, viendo a mi rico

«San Andrés» encallado en la arena, arriando el palo mayor más bajo que las cuadernas para besar su sepultura. Al ir a la iglesia y ver el sagrado edificio de piedra, ¿cómo no me acordaría en seguida de las rocas peligrosas, que, sólo con tocar el costado de mi gentil nave, dispersarían todas sus especias por las aguas, revestirían con mis sedas las aguas rugientes, y, en una palabra, valiendo tanto un poco antes, harían que no valiera nada entonces? Si tengo el pensamiento para pensar esto, ¿me faltaría el pensamiento de que tal cosa me entristecería si ocurriera? Pero no me digas: sé que Antonio está triste de pensar en sus mercancías.

ANTONIO. No, créeme: doy gracias a la fortuna de que mis bienes aventurados no están confiados a una sola nave, ni a un solo lugar: ni mi hacienda entera está puesta en el azar del año presente; de modo que no me entristece mi mercancía.

SOLANIO. Pues entonces, estás enamorado.

ANTONIO. ¡Quita, quita!

SOLANIO. ¿Tampoco enamorado? Entonces digamos que estás triste porque no estás alegre, y te sería igual de fácil reír y brincar y decir que estás alegre porque no estás triste. En fin, por Jano el de las dos caras, la Naturaleza ha creado extraños tipos, desde que existe: algunos que siempre andan atisbando a través de los ojos entornados y riéndose como papagayos ante un gaitero; y otros de tal aire avinagrado que no enseñarán los dientes por vía de sonrisa aunque jure Néstor[2] que el chiste es de reír.

Entran Bassanio, Lorenzo y Graciano.

Ahí viene Bassanio, tu noble pariente, con Graciano y Lorenzo. Pásalo bien: te dejamos ahora con mejor compañía.

SALARINO. Me habría quedado hasta ponerte alegre, si no me lo hubieran impedido más dignos amigos.

ANTONIO. Vuestros méritos son muy apreciados en mi consideración: supongo que os llaman vuestras ocupaciones y aprovecháis la ocasión para marcharos.

[2] Néstor era el más anciano de los jefes griegos en el sitio de Troya, tan serio y venerable que sólo cabía imaginar que se riera con chistes muy buenos.

SALARINO. Buenos días, mis buenos señores.

BASSANIO. Buenos señores, ¿cuándo vamos a reír? Decid, ¿cuándo? Os volvéis demasiado extraños: ¿ha de ser así?

SALARINO. Dedicaremos nuestro ocio a servir al vuestro. *(Se van Salarino y Solanio.)*

LORENZO. Señor Bassanio, puesto que has encontrado a Antonio, nosotros dos te dejamos, pero, por favor, recuerda dónde nos hemos de encontrar a la hora de comer.

BASSANIO. No os faltaré.

GRACIANO. No tienes buen aspecto, Antonio: te preocupa demasiado el mundo: pierden los que lo compran con mucha preocupación. Créeme, estás sorprendentemente cambiado.

ANTONIO. Tengo al mundo sólo en lo que es el mundo: un escenario en que cada hombre debe desempeñar un papel, y el mío es triste.

GRACIANO. A mí dejadme hacer de gracioso: que vengan las arrugas de la vejez con alegría y risa; prefiero calentarme el hígado con vino antes que enfriarme el corazón con gemidos mortales. ¿Por qué un hombre que tiene por dentro sangre caliente va a quedarse sentado igual que su abuelo tallado en alabastro? ¿Por qué ha de dormir cuando está despierto y caer en la ictericia a fuerza de mal humor? Oye lo que te digo, Antonio —te quiero mucho, y mi cariño es quien habla—: hay una clase de hombres cuyas caras se empañan y se cuajan como un estanque quieto, y que mantienen un terco silencio con intención de revestirse de prestigio de sabiduría, gravedad y profundo ingenio, como si dijeran: «¡Soy el señor Oráculo, y cuando abro los labios, que no ladre ningún perro!» Ah, mi Antonio, conozco algunos de esos que tienen reputación de sabios por no decir nada, cuando estoy seguro de que si hablaran casi condenarían a los oídos que, al escucharles, llamarían estúpidos a sus hermanos. Te diré más de esto otra vez: pero no pesques, con cebo de melancolía, esa fama, ese estúpido agobio. Ven, buen Lorenzo. Adiós, por ahora: terminaré mi exhortación después de comer.

LORENZO. Bueno, te dejamos entonces hasta la hora de

comer. Tengo que ser uno de esos sabios mudos, porque Graciano nunca me deja hablar.

GRACIANO. Sí, sigue haciéndome compañía dos años más, y no conocerás el sonido de tu propia lengua.

ANTONIO. Adiós: me volveré charlatán en vista de eso.

GRACIANO. Gracias, a fe, pues el silencio sólo es de alabar en una lengua de vaca fiambre y en una doncella que no se vende. *(Se van Graciano y Lorenzo.)*

ANTONIO. ¿Es algo ya, todo eso?

BASSANIO. Graciano habla muchísimo sobre nada, más que cualquier hombre de Venecia. Sus razones son como dos granos de trigo escondidos en dos fanegas de paja: las buscaréis todo el día para encontrarlas, y cuando las encontréis, no merecen la búsqueda.

ANTONIO. Bueno, dime ahora, ¿qué dama es esa a quien has jurado secreta peregrinación, de que me prometiste hablar hoy?

BASSANIO. No ignoras, Antonio, cuánto he perjudicado mi hacienda por mostrar un aspecto más lujoso de lo que me permitían continuar mis escasos medios. Y ahora no me quejo por verme privado de tan noble altura, sino que mi principal cuidado es salir decentemente de las grandes deudas en que mi juventud, un tanto pródiga, me ha dejado empeñado. A ti, Antonio, es a quien más debo, en dinero y en cariño, y por tu cariño tengo confianza para revelarte todos mis planes y propósitos para salir de todas las deudas.

ANTONIO. Házmelo saber, buen Bassanio, y si ello queda, como siempre quedas tú, bien visto por los ojos del honor, ten la seguridad de que mi bolsa, mi persona y mis medios más extremados estarán abiertos para tus intenciones.

BASSANIO. En mis días de colegial, cuando perdía una flecha, disparaba otra igual y del mismo alcance en el mismo sentido, con atención más vigilante, para encontrar la otra, y, aventurando las dos, muchas veces encontré las dos. Cito esta prueba de la niñez porque lo que voy a decir ahora es pura puerilidad. Mucho te debo, y, como joven descarriado, he perdido todo lo que te debo; pero si te parece bien disparar otra flecha en el mismo sentido por donde disparaste la primera, no dudo, puesto que vigilaré dónde va a parar, de que o encuentro las dos, o te devuelvo el segundo riesgo, quedándote como deudor agradecido del primero.

ANTONIO. Me conoces muy bien, de modo que pierdes tiempo enredando mi cariño con rodeos; y, sin duda, me ofendes más, si dudas de que haré todo lo que pueda, que si hubieras disipado todo lo que tengo: así que dime sólo qué he de hacer, que pueda hacer yo por lo que tú conoces, y estoy dispuesto en seguida: habla, pues.

BASSANIO. En Belmonte vive una rica dama, que es bella, y, algo más bello que esta palabra, de prodigiosas virtudes: a veces he recibido de sus ojos hermosos mensajes sin palabras: se llama Porcia, sin valer menos en nada que la hija de Catón, la Porcia de Bruto. Y el ancho mundo no ignora su valor, pues los cuatro vientos traen de todos los países pretendientes famosos. Sus soleados rizos penden en sus sienes como vellocino de oro, que convierte su residencia de Belmonte en orilla de la Cólquida[3], con muchos Jasones que acuden en su busca. Ah, mi Antonio, si yo tuviera medios para mantener lugar de rival con cualquiera de ellos, mi ánimo me presagia tal ganancia, que sin duda tendría gran fortuna.

ANTONIO. Ya sabes que todos mis bienes están aventurados en el mar, y no tengo dinero ni mercancías para conseguir una suma al contado; así que ve por ahí a probar qué puede conseguir mi crédito en Venecia: lo estiraremos hasta el extremo para prepararte para ir a Belmonte, ante la bella Porcia. Ve en seguida a preguntar, y yo también iré, donde haya dinero, y no dudo que lo conseguiré por mi crédito o en obsequio a mí. *(Se van.)*

[3] Jasón, en su buque «Argos», llegó a la Cólquida, según la leyenda, para llevarse el Vellocino de Oro.

ESCENA II

[Belmonte. Un cuarto en casa de Porcia]

Entran Porcia y Nerisa.

PORCIA. A fe mía, Nerisa, que mi cuerpecito está cansado de este gran mundo.

NERISA. Estaríais cansada, mi dulce señora, si vuestras penas fueran tan abundantes como vuestras buenas fortunas: y sin embargo, por lo que veo, están tan enfermos los hartos del exceso como los que se mueren de hambre sin nada. Así, no es mediana felicidad quedarse en la medianía. La superfluidad trae antes las canas, mientras que la modestia vive más años.

PORCIA. Buenas sentencias y bien pronunciadas.

NERISA. Mejores serían si fueran bien seguidas.

PORCIA. Si el hacer fuera tan fácil como el saber qué sería bueno hacer, las ermitas serían iglesias y las cabañas de los pobres serían palacios de príncipes. Buen adivino es el que sigue sus propias instrucciones: me es más fácil enseñar a veinte qué estaría bien hacer que ser uno de los veinte para seguir mis propias enseñanzas. El cerebro puede trazar leyes para la sangre, pero un carácter caliente se salta un frío decreto: una liebre así es la locura de la juventud, brincando por encima de las trampas del inválido buen sentido. Pero estos razonamientos no son el modo de elegirme un marido. ¡Ay de mí, la palabra «elegir»! No puedo elegir a quien quiera ni rehusar a quien no quiera: la voluntad de una hija viva está así doblegada por la voluntad de un padre muerto. ¿No es duro, Nerisa, que no pueda elegir ni rehusar a nadie?

NERISA. Vuestro padre fue siempre virtuoso, y los hombres santos tienen buena inspiración a la hora de la muerte: así que la lotería que ha inventado en esas tres arquetas de oro, plata y plomo, en que quien elija lo que él pretendía os elige a vos, sin duda, jamás será acertada sino por alguien que ame de verdad. Pero ¿qué calor hay en vuestros sentimientos hacia alguno de esos principescos pretendientes que ya han venido?

PORCIA. Por favor, repíteme sus nombres y, al nombrártelos, te los describiré: conforme a mi descripción, adivina mis sentimientos.

NERISA. Primero, está el príncipe napolitano.

PORCIA. Sí, buen potro está hecho, porque no habla más que de su caballo, y considera una gran adición a sus cualidades el saberlo herrar por sí mismo. Mucho me temo que su señora madre tuviera que ver algo con un herrero.

NERISA. Luego está el conde Palatino.

PORCIA. No hace más que fruncir el ceño, como quien dice: «Si no me tomas a mí, allá tú». Oye contar chistes, y no sonríe; temo que cuando se haga viejo resultará el filósofo llorón[4], si en su juventud está tan lleno de seriedad descortés. Preferiría casarme con una calavera con un solo hueso en la boca que con uno de estos dos. ¡Dios me libre de estos dos!

NERISA. ¿Qué decís del señor francés, monsieur Le Bon?

PORCIA. Dios le hizo, así que dejémosle pasar por un hombre. De veras, sé que es pecado burlarse, pero ¡éste! En fin, tiene un caballo mejor que el del napolitano, mejor mala costumbre de ponerse ceñudo que el conde Palatino; es todos ellos en ninguno; si canta un tordo, se pone en seguida a dar cabriolas; es capaz de esgrimir contra su propia sombra. Si me casara con él, me casaría con veinte maridos. Si me despreciara, le perdonaría, pues, aunque me amara hasta la locura, nunca se lo podría corresponder.

NERISA. ¿Qué decís entonces de Falconbridge, el joven barón inglés?

PORCIA. Ya sabes que no le digo nada, pues ni me entiende él, ni yo a él: no sabe latín, ni francés, ni italiano, y puedes ir ante un tribunal a jurar que yo no sé ni dos ochavos de inglés. Es la imagen del hombre como es debido, pero ¡ay! ¿quién puede conversar con una pantomima? ¡De qué modo más raro viste! Creo que se ha comprado el jubón en Italia, las calzas en

[4] Heráclito, según su imagen legendaria.

Francia, el sombrero en Alemania, y los modales en todas partes.

NERISA. ¿Qué pensáis del señor escocés, su vecino?

PORCIA. Que tiene caridad de buen vecino, pues ha recibido en préstamo una bofetada del inglés, y le ha jurado que le pagaría cuando pudiera: creo que el francés se hizo su fiador y firmó por otra.

NERISA. ¿Os gusta el joven alemán, el sobrino del duque de Sajonia?

PORCIA. Me parece muy mal por la mañana, cuando está despejado, y muy mal por la tarde, cuando está borracho: cuando está mejor, es un poco peor que un hombre, y cuando está peor, es poco mejor que un animal. Si ocurre lo peor que puede ocurrir, espero arreglármelas para salir adelante sin él.

NERISA. Si quiere elegir, y acierta con la arqueta de la suerte, tendrías que rehusar cumplir la voluntad de tu padre, si rehúsas aceptarle.

PORCIA. Entonces, por miedo a lo peor, te ruego que pongas un vaso bien hondo de vino del Rhin en otra arqueta, pues si el diablo está dentro y esa tentación fuera, sé que lo elegirá. Haría cualquier cosa, Nerisa, antes que casarme con una esponja.

NERISA. No habéis de tener miedo, señora, de quedaros con ninguno de estos señores: me han dado a conocer su decisión, que es, en efecto, volverse a su casa sin molestaros más con otras pretensiones, a no ser que se os consiga por otros medios que la imposición de vuestro padre sujeta a las arquetas.

PORCIA. Aunque llegue a ser tan vieja como la Sibila[5], moriré tan casta como Diana, a no ser que se me obtenga conforme a la voluntad de mi padre. Me alegro de que esta pandilla de cortejadores sea tan razonable, pues no hay ninguno de ellos por cuya ausencia no suspire, y ruego a Dios que les conceda una buena marcha.

NERISA. ¿No recordáis, señora, cuando vivía vuestro padre, un veneciano, letrado y soldado, que vino aquí en compañía del marqués de Monferrato?

PORCIA. Sí, sí, era Bassanio: creo que se llamaba así.

[5] La profetisa de la Antigüedad, a quien Apolo prometió que viviría tantos años como granos de arena tomara en un puñado.

NERISA. Cierto, señora: de todos los hombres que han visto jamás mis humildes ojos, ése era el que más merecía una hermosa dama.

PORCIA. Le recuerdo muy bien, y recuerdo que era digno de tu alabanza.

Entra un Criado.

¿Qué hay? ¿Qué cuentas?

CRIADO. Los cuatro forasteros os quieren ver, señora, para despedirse; y ha llegado un mensajero de un quinto, el príncipe de Marruecos, que trae recado de que su señor el Príncipe estará aquí esta noche.

PORCIA. Si pudiese dar la bienvenida al quinto de tan buen ánimo como despido a los otros cuatro, me alegraría de su llegada: aunque tenga el carácter de un santo, si tiene color de diablo[6], prefiero tenerlo por confesor antes que por cónyuge[7]. Vamos, Nerisa. Mozo, ve por delante. Mientras cerramos la verja despidiendo a un pretendiente, otro llama a la puerta. *(Se van.)*

ESCENA III

[Venecia. Una plaza]

Entran Bassanio y Shylock.

SHYLOCK. Tres mil ducados; ya, ya.

BASSANIO. Sí, señor, por tres meses.

SHYLOCK. Por tres meses; ya, ya.

BASSANIO. De lo cual, como os dije, Antonio será fiador.

SHYLOCK. Antonio será fiador; ya, ya.

BASSANIO. ¿Me podéis ayudar? ¿Me daréis esa satisfacción? ¿Sabré vuestra respuesta?

SHYLOCK. Tres mil ducados, por tres meses, y Antonio como fiador.

BASSANIO. ¿Qué respondéis a eso?

SHYLOCK. Antonio es un buen hombre.

BASSANIO. ¿Habéis oído alguna acusación en contra?

[6] Negro, solía pintarse al diablo.
[7] Sustituimos el juego del original entre *shrive*, «confesar», y *wive*, «casarse con una mujer»: no está claro por qué «confesar»: quizá hay alusión al color negro de las sotanas.

SHYLOCK. Ah, no, no, no, no: lo que pretendo al decir que es un buen hombre es haceros comprender que tiene suficiencia. Sin embargo, sus medios son sólo una suposición: tiene una nave rumbo a Trípoli, otra a las Indias; también he oído decir en el Rialto[8] que tiene otra en Méjico, otra rumbo a Inglaterra, y otras mercancías aventuradas, dispersas por ahí. Pero los barcos no son más que tablas, y los marineros no son más que hombres: hay ratas de agua y ratas de tierra, ladrones de agua y ladrones de tierra, quiero decir, piratas; y además está el peligro de aguas, vientos y rocas. No obstante, es hombre con suficiencia. Tres mil ducados: supongo que podré aceptar su garantía.

BASSANIO. Estad seguro de que sí podéis.

SHYLOCK. Quiero asegurarme de que puedo, y, para que me asegure, quiero pensarlo. ¿Puedo hablar con Antonio?

BASSANIO. ¿Os parece bien comer con nosotros?

SHYLOCK. Ah ya, para oler a puerco, para comer de esa morada en que vuestro profeta el Nazareno conjuró al diablo a meterse[9]. Compraré con vosotros, venderé con vosotros, hablaré con vosotros, pasearé con vosotros, y así sucesivamente: pero no quiero comer con vosotros, ni beber con vosotros, ni rezar con vosotros. ¿Qué noticias hay en el Rialto? ¿Quién viene por aquí?

Entra Antonio.

BASSANIO. Éste es el *signor* Antonio.

SHYLOCK [*aparte*]. ¡Qué aire tiene de publicano hipócrita! Le odio porque es cristiano, pero más aún porque, con baja simplicidad, presta dinero gratis y hace bajar, aquí en Venecia, el tanto de la usura. Si le puedo agarrar alguna vez entre mis manos, saciaré contra él esa antigua querella. Odia a nuestro pueblo sagrado, y, donde se reúnen más los mercaderes, se burla de mí, de mis tratos y de mi ganancia bien obtenida, que él llama usura. ¡Maldita sea mi tribu si le perdono!

BASSANIO. Shylock, ¿oyes?

[8] El edificio, junto al puente de Rialto, donde se reunían los mercaderes.

[9] Alusión a *Mateo*, 8, 28-34: el episodio en que la legión de demonios que poseía a un hombre pasa a una piara de cerdos, que se precipitan a un lago.

SHYLOCK. Estoy echando cuentas de lo que tengo ahora, y, por lo que mi memoria calcula aproximadamente, no puedo reunir al momento el total de los tres mil ducados. Pero ¿y qué? Me proveerá Tubal, un rico hebreo de mi tribu. Pero ¡calla! ¿cuántos meses deseáis? [*A Antonio.*] Dios os dé buena suerte, buen señor: acabábamos de nombrar a vuestra señoría.

ANTONIO. Shylock, aunque yo no presto ni pido prestado recibiendo ni dando interés, sin embargo, para remediar las necesidades urgentes de mi amigo, romperé mi costumbre. [*A Bassanio.*] ¿Está informado él de cuánto necesitas?

SHYLOCK. Sí, sí, tres mil ducados.

ANTONIO. Y por tres meses.

SHYLOCK. Se me había olvidado: tres meses: eso me dijisteis. Bien, entonces, vuestra garantía, y vamos a ver... Pero escuchad: creo que decíais que no prestabais ni pedíais con intereses.

ANTONIO. Nunca lo acostumbro.

SHYLOCK. Cuando Jacob apacentaba las ovejas de su tía Labán —este Jacob fue el tercer heredero, desde nuestro padre Abraham, por lo que hizo en su favor su sabia madre[10]; sí, el tercer heredero...

ANTONIO. ¿Y qué pasaba con él? ¿Cobraba intereses?

SHYLOCK. No, no cobraba intereses: no exactamente intereses, como diríais vosotros: fijaos lo que hizo Jacob. Cuando Labán y él concertaron que todos los corderillos que nacieran rayados o manchados serían propiedad de Jacob, entonces, al entrar en celo las ovejas, se las echaron a los carneros, al fin de otoño, y, al cumplirse el acto de la generación entre esos lanudos progenitores, el astuto pastor peló unas varas, y, cuando se hacía el acto natural, las plantó ante las ovejas en celo, que, concibiendo entonces, parieron en su momento corderillos de varios colores, que fueron para Jacob[11]. Ése fue un modo de prosperar, y él recibió bendiciones: y la ganancia es bendición, con tal que los hombres no roben.

ANTONIO. Aquello por lo que sirvió Jacob era un riesgo,

[10] *Génesis*, cap. 27; Jacob desplazó a Esaú en los derechos de primogenitura.
[11] *Génesis*, 30, 27-43.

una cosa que no estaba en su mano lograr, sino regida y determinada por la mano del Cielo. ¿Está escrito eso para hacer buena la usura? ¿O vuestro oro y vuestra plata son ovejas y carneros?

SHYLOCK. No sé qué decir: yo los hago criar tan de prisa como si lo fueran: pero hacedme caso, señor.

ANTONIO. Fíjate en esto, Bassanio: el diablo puede citar las escrituras para sus intenciones: un alma mala, mostrando testimonio sagrado, es como un bribón con cara sonriente, una hermosa manzana de corazón podrido. ¡Ah, qué buen exterior tiene la falsía!

SHYLOCK. Tres mil ducados: es una buena suma redonda. Tres meses de doce... Entonces, vamos a ver el interés.

ANTONIO. Bueno, Shylock, ¿os lo habremos de agradecer?

SHYLOCK. *Signor* Antonio, muchas veces me habéis censurado en el Rialto por mi dinero y mis usuras: yo siempre lo he llevado encogiéndome de hombros con paciencia, pues la resignación es la divisa de nuestra tribu. Me llamáis impío, perro verdugo, y me escupís en mi gabán de hebreo; y todo ello, por el uso de lo que es mío. Bueno, entonces, parece ser que necesitáis mi ayuda; vamos allá, pues: venís a verme y decís: «Shylock, querríamos dineros»: eso decís, después de haber vaciado vuestros mocos en mi barba y de darme una patada como para alejar a un perro ajeno de vuestro umbral: dineros es lo que queréis. ¿Qué os habría de decir? ¿No os habría de decir: «¿Acaso tiene dinero un perro? ¿Es posible que un perro pueda prestar tres mil ducados?»? ¿O debo hacer una profunda reverencia, y con acento de esclavo, con aliento húmedo y con susurrante humildad, deciros: «Noble señor, el viernes pasado me escupisteis encima: tal día me disteis patadas; tal otra vez me llamasteis perro; y por esas cortesías, os prestaré todo ese dinero»?

ANTONIO. Dispuesto estoy a llamarte otra vez todo eso, a escupirte otra vez, a darte patadas. Si quieres prestar ese dinero, no lo prestes a amigos tuyos: pues ¿cuándo la amistad ha recibido de un amigo un fruto del estéril metal? Más bien préstaselo a tu enemigo, a quien, si no cumple, le puedes exigir el castigo con mejor cara.

SHYLOCK. ¡Vamos, mirad cómo os enojáis! Querría ser amigo vuestro y conseguir vuestro cariño, olvidar las vergüenzas con que me habéis manchado, proveer a vuestras necesidades presentes, y no cobrar ni un ochavo de interés por mi dinero, y no me queréis oír: es muy amable lo que os ofrezco.

ANTONIO. Eso sería amabilidad.

SHYLOCK. Mostraré esa amabilidad. Venid conmigo a un notario, poned aquí vuestra sola firma, y, como broma divertida, si no me pagáis el día determinado, en tal lugar, la suma o sumas que se expresan en el documento, la indemnización se fijará en una libra exacta de vuestra hermosa carne, para ser cortada y quitada de la parte de vuestro cuerpo que me plazca.

ANTONIO. Satisfecho, a fe: firmaré tal compromiso, y diré que hay mucha amabilidad en el judío.

BASSANIO. No firmarás por mí semejante contrato: prefiero seguir en mi necesidad.

ANTONIO. Vamos, hombre, no tengas miedo: no faltaré a él. Dentro de dos meses, que es un mes antes de que expire el plazo, espero el regreso de tres por tres veces el valor de este compromiso.

SHYLOCK. ¡Ah, padre Abraham, lo que son estos cristianos, cuyos duros tratos les enseñan a sospechar de las intenciones de los demás! Por favor, decidme esto: si él no cumple, llegado el día, ¿qué sacaría yo con cobrar esa indemnización? Una libra de carne humana, quitada a un hombre, no es tan estimable, ni valiosa tampoco, como si fuera carne de cordero, buey o cabrito. Digo que ofrezco este acto de amistad para adquirir su favor: si lo quiere tomar, bien: si no, adiós; y, por mi afecto, os ruego que no me ofendáis.

ANTONIO. Sí, Shylock, firmaré ese contrato.

SHYLOCK. Entonces esperadme en seguida con el notario: dadle instrucciones para este divertido compromiso, y yo iré a traer en seguida los ducados, a echar una mirada a mi casa, confiada a la miedosa guardia de un villano descuidado, y en seguida estaré con vosotros.

ANTONIO. Date prisa, amable judío. *(Se va Shylock.)* Este hebreo se volverá cristiano: se está poniendo amable.

BASSANIO. No me gustan las buenas condiciones y un ánimo de villano.

ANTONIO. Vamos allá: en esto no puede haber temor. Mis barcos vuelven al puerto un mes antes de ese día. *(Se van.)*

ACTO SEGUNDO

ESCENA PRIMERA

[Belmonte. Sala en casa de Porcia]

Toques de trompeta. Entran el Príncipe de Marruecos, con su séquito, Porcia, Nerisa y personas de servicio.

MARRUECOS. No me queráis mal por mi color, sombría librea del ardiente sol, de quien soy vecino y pariente cercano. Traedme el más claro ser nacido en el Norte, donde el fuego de Febo apenas deshiela los carámbanos, y démonos un tajo por vuestro amor, para ver quién tiene la sangre más roja, él o yo. Os digo, señora, que este color mío ha dado miedo a los valientes: por amor a mí, juro que las más ilustres vírgenes de nuestro clima lo han amado también: no querría cambiar de color a no ser para robar vuestro corazón, noble reina.

PORCIA. En los términos de mi elección no estoy sólo guiada por la exigente dirección de unos ojos de doncella; además, la lotería de mi destino me prohíbe el derecho de elegir a mi voluntad: pero si mi padre, por su prudencia, no me hubiera limitado y sujetado para que me otorgue por esposa del que me gane por los medios que os dije, vos mismo, famoso Príncipe, habríais sido entonces tan claro ante mis afectos como cualquier otro de los visitantes que hasta ahora he visto.

MARRUECOS. También por eso os doy las gracias: así pues, os ruego que me llevéis ante las arquetas para probar mi suerte. Por esta cimitarra, que mató al Sufí y a un príncipe persa y que ganó tres batallas al sultán Solimán, haría apartar la mirada con la mía a los más atrevidos ojos que miren, superar en valor al corazón más valiente de la tierra, quitarle a la osa sus cachorros mientras mamasen, sí, burlarme del león mientras ruge buscando presa, con tal de ganaros, señora. Pero mientras tanto, ¡ay de mí! Si Hércules y Licas[1] juegan a los dados quién puede más, los puntos más altos pueden caer por azar de la mano más débil: así Alcides sería derrotado por su paje; y yo también, si me guía la ciega fortuna, podría perder lo que alcanzara otro menos digno, y morirme de dolor.

PORCIA. Habéis de aceptar el riesgo; y, una de dos, o no intentar en absoluto elegir, o jurar, antes de elegir, que si os equivocáis nunca hablaréis después con ninguna dama para pedirle matrimonio: así que pensadlo bien.

MARRUECOS. No lo dejaré: vamos, llevadme a probar suerte.

PORCIA. Primero vamos al templo[2]; después de comer se decidirá vuestra suerte.

MARRUECOS. ¡Buena suerte, entonces! Voy a hacerme feliz o el más maldito de los hombres. *(Toques de trompeta. Se van.)*

ESCENA II

[Venecia. Una calle]

Entra Lanzarote Chepa.

LANZAROTE. Ciertamente, mi conciencia me dejará escaparme de este judío, mi amo. El diablo está a mi lado, y me tienta diciéndome: «Chepa, Lanzarote Chepa, buen Lanzarote», o «buen Chepa», o «buen Lanzarote Chepa, usa las piernas, echa a correr y escápate». Mi conciencia dice: «No, ten cuidado, honrado Lanzarote; ten cuidado, honrado Chepa», o, como antes

[1] Licas, el paje que dio a Hércules (Alcides) el manto envenenado que le produjo la muerte.
[2] A hacer el juramento aludido.

decía, «Honrado Lanzarote Chepa, no corras: da una patada a eso de escapar por pies». Pero el valientísimo demonio me agarra por el cuello: «¡Corre!», dice el demonio: «¡fuera!», dice el demonio: «por los cielos, reúne tu buen ánimo», dice el demonio, «y echa a correr». Bueno, mi conciencia, echándoseme al cuello de mi corazón, me dice muy prudentemente: «Mi honrado amigo Lanzarote, tú que eres hijo de un hombre honrado», o, mejor dicho, de una mujer honrada, pues, desde luego, mi padre tenía ciertos dejos, cierta inclinación, tenía una especie de regusto... bueno, mi conciencia dice: «Lanzarote, no te muevas». «Muévete», dice el demonio. «No te muevas», dice mi conciencia. «Conciencia —digo yo—, me aconsejas bien»: «demonio —digo yo—, me aconsejas bien»: si me guiara por mi conciencia, me quedaría con mi amo el judío, que, Dios me perdone, es una especie de diablo; y si me escapara del judío, me dejaría guiar por el demonio, que, perdonad vosotros, es el diablo en persona. Cierto que el judío es la misma encarnación del diablo; y, en mi conciencia, mi conciencia no es más que una especie de mala conciencia, aconsejándome que me quede con el judío. El demonio me da un consejo más amistoso: echaré a correr, demonio: mis talones están a tus órdenes: echaré a correr.

Entra el Viejo Chepa, con un cesto.

CHEPA. Señorito, por favor, ¿por dónde se va a casa del judío?

LANZAROTE [*aparte*]. ¡Ah cielos! Es mi padre, engendrado en buena ley, que no me conoce, tan burriciego que no ve tres en un burro[8]: voy a probar a confundirle.

CHEPA. Señorito, por favor, ¿por dónde se va a casa del judío?

LANZAROTE. Volved a la derecha en la primera bocacalle, pero a la primera de todas, a la izquierda: pardiez, en la primerísima bocacalle, no volváis a ningún lado, sino bajad *indirectamente* a casa del judío.

CHEPA. Por los santos de Dios, va a ser una calle muy

[8] Se juega con *sand-blind*, «medio ciego», *sand*, «arena» y *gravel*, «grava», por lo que Lanzarote forma la palabra *gravel-blind*.

difícil de acertar. ¿Me podéis decir si vive con él o no un tal Lanzarote que vive con él?

LANZAROTE. ¿Habláis del señorito Lanzarote? [*Aparte.*] Prestadme atención ahora: voy a hacer salir agua. ¿Habláis del joven, el señorito Lanzarote?

CHEPA. No es señorito, señor, sino el hijo de un pobre hombre: su padre, aunque lo diga yo, es un hombre honrado muy pobre, y gracias a Dios, le vive para muchos años.

LANZAROTE. Bueno, que su padre sea lo que quiera: hablamos del señorito Lanzarote.

CHEPA. Servidor de vuestra señoría, y Lanzarote, señor.

LANZAROTE. Pero, por favor, *ergo*[4], anciano, *ergo*, os suplico: ¿no habláis del señorito Lanzarote?

CHEPA. De Lanzarote, con la venia de vuestra señoría.

LANZAROTE. *Ergo* el señorito Lanzarote. No habléis del señorito Lanzarote, abuelo, pues ese joven caballero, conforme a los Hados y los Destinos y esas palabras raras, las Tres Hermanas[5] y demás ramas del saber, en efecto, ha fallecido. o, como diríais en términos más sencillos, ha ascendido al Cielo.

CHEPA. ¡Pardiez, no lo quiera Dios! El muchacho era el verdadero báculo de mi vejez, mi verdadero apoyo.

LANZAROTE. ¿Parezco una estaca, o un palo, una vara o un apoyo? ¿No me conoces, padre?

CHEPA. ¡Ay qué día! No os conozco, joven caballero; pero, por favor, decidme, ¿mi hijo... —¡Dios lo tenga en gloria!— está vivo o muerto?

LANZAROTE. ¿No me conoces, padre?

CHEPA. Ay, señor, estoy medio ciego: no os conozco.

LANZAROTE. No desde luego, aunque tuvieras los ojos, podrías dejar de reconocerme: ya sabe mucho el padre que conoce quién es hijo suyo. Bueno, viejo, te daré noticias de tu hijo. [*Se arrodilla.*] Dame tu bendición: la verdad saldrá a luz: el crimen no se puede ocultar mucho tiempo: el hijo de un hombre, quizá sí, pero al final la verdad saldrá a luz.

CHEPA. Por favor, señor, levantaos. Estoy seguro de que no sois mi hijo Lanzarote.

LANZAROTE. Por favor, basta de bromear con esto, y

[4] «Así pues», «por lo tanto»: la fórmula conclusiva del silogismo.
[5] Las Parcas.

dame tu bendición: soy Lanzarote, tu hijo que fue, tu hijo que es, tu hijo que será.

CHEPA. No puedo pensar que seas mi hijo.

LANZAROTE. No sé qué pensar de eso: pero soy Lanzarote, el criado del judío, y estoy seguro de que tu mujer Margarita es mi madre.

CHEPA. En efecto, se llama Margarita: y si eres Lanzarote, juraré que eres mi carne y mi sangre. ¡El Señor sea alabado! ¡Qué barba te ha salido[6]! Tienes más pelos en la barbilla que Dobbin, el caballo de mi carro, en la cola.

LANZAROTE. Entonces parece que la cola de Dobbin crece para dentro: estoy seguro de que la última vez que le vi tenía más pelo en la cola que yo tengo en la cara.

CHEPA. ¡Señor, qué cambiado estás! ¿Vas bien de acuerdo con tu amo? Le traigo un regalo. ¿Cómo os entendéis?

LANZAROTE. Bien, bien, pero, por mi parte, he hecho propósito de irme, y no me echaré[7] a descansar mientras no haya corrido un poco de tierra. Mi amo es un verdadero judío: ¡darle un regalo! Dale un ronzal: estoy muerto de hambre en su servicio: me puedes contar los dedos con las costillas. Padre, me alegro de que hayas venido: dame tu regalo para un tal señor Bassanio, que, desde luego, regala estupendas libreas nuevas: si no entro a servirle, echaré a correr mientras Dios tenga suelo. ¡Ah qué rara suerte! Aquí viene el hombre: a él, padre: pues soy judío si sigo sirviendo al judío.

Entra Bassanio, con Leonardo y otros criados.

BASSANIO. Podéis hacerlo, pero daos prisa de modo que la cena esté preparada lo más tarde a las cinco. Ocupaos de entregar estas cartas: mandad hacer las libreas, y rogad a Graciano que venga en seguida a mi casa. *(Se va un Criado.)*

LANZAROTE. ¡Anda con él, padre!

CHEPA. ¡Dios bendiga a vuestra señoría!

BASSANIO. ¡Gracias! ¿Me quieres algo?

[6] Se entiende que el viejo ciego, queriendo palpar la cara a Lanzarote, le toca el pelo de la cabeza.

[7] En el original se juega con *rest*, «descansar» y «resto» —en un juego de naipes, «echar el resto».

CHEPA. Aquí está mi hijo, señor, un pobre mozo...

LANZAROTE. No un pobre mozo, señor, sino el criado del rico judío: que querría, señor, como explicará mi padre...

CHEPA. Tiene una gran *infección*, como quien dice, a servir...

LANZAROTE. En efecto, por lo largo o por lo corto, sirvo al judío y tengo deseo, como explicará mi padre...

CHEPA. Porque su amo y él, con perdón de vuestra señoría, no andan precisamente como buenos parientes...

LANZAROTE. En pocas palabras, la pura verdad es que el judío, al ofenderme, me obliga, como mi padre, siendo, según espero, un anciano, os *estantiguará*...

CHEPA. Traigo aquí una fuente de pichones que querría ofrecer a vuestra señoría, y lo que pretendo es...

LANZAROTE. En muy pocas palabras, lo que pretende es *impertinente* a mí, como sabrá vuestra señoría por este honrado viejo; y, aunque me esté mal el decirlo, aunque viejo, sin embargo, el pobre es mi padre.

BASSANIO. Que hable uno por los dos. ¿Qué quieres?

LANZAROTE. Serviros, señor.

CHEPA. Ésa es la *ausencia* de la cuestión, señor.

BASSANIO. Te conozco mucho: has conseguido lo que pretendes: tu amo Shylock ha hablado hoy conmigo, y te ha llamado digno de mejora, si es que es mejora dejar el servicio de un rico judío, para hacerte servidor de un caballero tan pobre.

LANZAROTE. El viejo proverbio[8] está muy bien repartido entre mi amo Shylock y vos, señor: vos tenéis la gracia de Dios, y él tiene riqueza suficiente.

BASSANIO. Dices bien. Vete con tu hijo, padre. Despídete de tu viejo amo, y busca dónde vivo yo. Dadle una librea [*a sus criados*] con más guarniciones que las de sus compañeros. Ocupaos de eso.

LANZAROTE. Padre, vamos allá. No puedo buscar un servicio, no: nunca tengo lengua en la boca. Bueno, si hay un hombre en Italia con una palma de la mano mejor que la mía para extenderlas sobre la Biblia y jurar que tendré fortuna... Vamos: aquí hay una línea de la vida bien sencilla: aquí una pequeña tontería

[8] «La gracia de Dios es mejor que las riquezas.»

de esposas: ay, quince mujeres no es nada: once viudas y nueve doncellas es una renta modesta para un hombre: y luego, salvarme tres veces de ahogarme, y estar en peligro de vida en el borde de un lecho de plumas... eso son salvamentos sencillos. Bueno, si la Fortuna es mujer, es una buena chica por todo este asunto. Ven, padre: me despediré del judío en un abrir y cerrar de ojos. *(Se van Lanzarote y el viejo Chepa.)*

BASSANIO. Por favor, buen Leonardo, ocúpate de esto: una vez compradas esas cosas y dispuestas en orden, vuelve a toda prisa, pues esta noche doy un festín a mis mejores amigos: anda, vete.

LEONARDO. Pondré en ello mi mayor esfuerzo.

Entra Graciano.

GRACIANO. ¿Dónde está vuestro amo?

LEONARDO. Allí, señor, paseando. *(Se va.)*

GRACIANO. ¡*Signor* Bassanio!

BASSANIO. ¡Graciano!

GRACIANO. Tengo que pedirte una cosa.

BASSANIO. Ya la has obtenido.

GRACIANO. No me lo has de negar: tengo que ir contigo a Belmonte.

BASSANIO. Bueno, entonces tienes que ir. Pero escucha, Graciano: tú eres muy imprudente, muy precipitado y atrevido en tus palabras; cualidades que te sientan bastante bien y no parecen defectos ante ojos como los nuestros: pero donde no te conocen, en fin, resultan demasiado liberales. Por favor, moléstate en templar con algunas gotas frías de modestia tu espíritu impetuoso, no sea que por tu comportamiento desatado se piense mal de mí en el lugar a donde voy, y pierda mis esperanzas.

GRACIANO. Escúchame, Bassanio: no te vuelvas a fiar de mí si no me pongo traje sobrio, y hablo con respeto, y juro sólo de vez en cuando, y llevo libros de oración en el bolsillo, y tomo aire compungido, y más aún, mientras se dice la bendición en la mesa, me tapo así los ojos con el sombrero, y suspiro, y digo «amén», guardando todos los preceptos de la buena educación como quien se ha preparado bien, en ostentación de tristeza, para complacer a su abuela.

BASSANIO. Bueno, ya veremos cómo te portas.

GRACIANO. Sí, pero no cuento esta noche: no has de medirme por lo que hagamos esta noche.

BASSANIO. No, eso sería una lástima: más bien te rogaría que asumieras tu más atrevida vestidura de regocijo, pues tenemos amigos con ganas de divertirse. Pero hasta la vista: tengo que hacer.

GRACIANO. Y yo tengo que ir con Lorenzo y los demás: pero estaremos contigo a la hora de la cena. *(Se van.)*

ESCENA III

[Venecia. Cuarto en casa de Shylock]

Entran Yésica y Lanzarote.

YÉSICA. Lamento que dejes así a mi padre: nuestra casa es un infierno, y tú, alegre demonio, le habías quitado un poco de sabor de tedio. Pero que te vaya bien: aquí tienes un ducado; y, Lanzarote, pronto, a la hora de cenar, verás a Lorenzo, invitado por tu nuevo amo: dale esta carta: hazlo en secreto. Adiós, pues; no quiero que mi padre me vea hablando contigo.

LANZAROTE. ¡Adiós! Las lágrimas manifiestan mis palabras. ¡Bellísima pagana, dulcísima judía! Si no hay cristiano que haga el villano por conseguirte, me engaño mucho. Pero ¡adiós! estas necias gotas ahogan no sé cómo mi espíritu viril: ¡adiós!

YÉSICA. Adiós, buen Lanzarote. *(Se va Lanzarote.)* ¡Ay, qué horrible pecado en mí es avergonzarme de ser hija de mi padre! Pero aunque sea hija de su sangre, no lo soy de sus costumbres. Oh, Lorenzo, si cumples tu promesa, acabaré esta lucha y seré cristiana y tu cariñosa mujer. *(Se va.)*

ESCENA IV

[Venecia. Una calle]

Entran Graciano, Lorenzo, Salarino y Solanio.

LORENZO. Eso es, nos escaparemos con disimulo durante la cena: nos disfrazaremos en mi casa, y volveremos: todo ello en una hora.

GRACIANO. No hemos hecho suficientes preparativos.

SALARINO. No hemos buscado todavía portadores de antorchas.

SOLANIO. Es mezquino, si no se puede arreglar como es debido, y, a mi juicio, sería mejor no emprenderlo.

LORENZO. Ahora son sólo las cuatro: tenemos dos horas para proveernos.

Entra Lanzarote, con una carta.

Amigo Lanzarote, ¿qué noticias hay?

LANZAROTE. Si os place abrir esto, seguramento os lo dirá.

LORENZO. Conozco la letra: a fe, es una bella letra; y la mano[9] que la escribió es más blanca que el papel en que escribió.

GRACIANO. Noticias de amor, a fe.

LANZAROTE. Con vuestro permiso, señor.

LORENZO. ¿Dónde vas?

LANZAROTE. Pardiez, señor, a invitar a mi antiguo amo el judío a que cene esta noche con mi nuevo amo el cristiano.

LORENZO. Espera, toma esto [*le da dinero*]: di a la amable Yésica que no faltaré: díselo en secreto. ¡Vete! *(Se va Lanzarote.)* Caballeros, ¿os vais a preparar para esa mascarada esta noche? Yo ya tengo dispuesto un portador de antorcha.

SALARINO. Sí, pardiez, voy a ello en seguida.

SOLANIO. Y yo también.

LORENZO. Venid a buscarnos, a Graciano y a mí, en casa de Graciano, dentro de una hora.

[9] Se repite *hand*, «letra, caligrafía» y «mano».

SALARINO. Está bien: así lo haremos. *(Se van Salarino y Solanio.)*

GRACIANO. Esa carta ¿no era de la bella Yésica?

LORENZO. Tengo que decírtelo todo. Me explica cómo la he de sacar de casa de su padre; de qué oro y joyas está provista: qué traje de paje tiene preparado. Si su padre el judío llega por fin al Cielo, será por el amor de su dulce hija; y que nunca se atreva la desgracia a ponerse ante sus pies, a no ser que lo haga con la excusa de que es hija de un incrédulo judío. Vamos, ven conmigo: lee esto mientras andamos: la bella Yésica será mi portador de antorcha. *(Se van.)*

ESCENA V

[Venecia. Ante la casa de Shylock]

Entran Shylock y Lanzarote.

SHYLOCK. Bueno, tú verás —tus ojos serán tus jueces— la diferencia entre el viejo Shylock y Bassanio —¡eh, Yésica!—: no te hartarás, como has hecho conmigo —¡eh, Yésica!—, ni podrás dormir y roncar, y romper ropa. ¡Vamos, Yésica, oye!

LANZAROTE. ¡Vamos, Yésica!

SHYLOCK. ¿Quién te manda llamar? No te he dicho que llamaras.

LANZAROTE. Vuestra señoría solía decirme que no sabía hacer nada sin que me lo mandara.

Entra Yésica.

YÉSICA. ¿Llamabais? ¿Qué deseáis?

SHYLOCK. Me invitan a cenar, Yésica: aquí tienes mis llaves. Pero ¿por qué habría de ir? No me invitan por cariño: me adulan. Sin embargo, iré por odio, para alimentarme a costa del pródigo cristiano. Yésica, hija mía, cuida de la casa. No me voy de buena gana: hay algún daño cociéndose contra mi descanso, pues esta noche he soñado con bolsas de oro.

LANZAROTE. Os suplico que vayáis, señor: mi joven amo espera vuestra *prestancia.*

SHYLOCK. Y yo la suya.

LANZAROTE. Y han conspirado entre todos: no diré que vais a ver una mascarada, pero si la veis, quiere decir que no fue por nada por lo que me sangró la nariz el último lunes de Pascua, a las seis de la mañana, que cayó este año el mismo día que el Miércoles de Ceniza de hace cuatro años, por la tarde.

SHYLOCK. ¿Qué, hay máscaras? Óyeme, Yésica: cierra mis puertas; y cuando oigas el tambor y el vil rechinar del pífano de retorcido cuello[10], no te asomes entonces a las ventanas ni asomes la cabeza a la calle a mirar a los estúpidos cristianos con caras pintadas, sino que tápale a la casa los oídos, es decir, las ventanas: no dejes que el ruido de la necia disipación entre en mi austera casa. Por la vara de Jacob, juro que no tengo ganas de salir de banquete esta noche: pero iré. Ve por delante de mí, mozo: di que iré.

LANZAROTE. Iré, por delante, señor. Señora, asomaos a la ventana, a pesar de todo:

Pasará algún cristiano, en este día,
digno de que le mire una judía. (Se va.)

SHYLOCK. ¿Qué dice ese loco de la estirpe de Agar[11], eh?

YÉSICA. Sus palabras han sido: «Adiós, señora», y nada más.

SHYLOCK. Ese bufón es bastante simpático, pero muy tragón; lento como un caracol para hacerse útil, y duerme de día más que el gato salvaje: los zánganos no hacen colmena conmigo; por eso me separo de él, y me separo de él para dejárselo a uno a quien quiero que ayude a disipar su prestado dinero. Bueno, Yésica, entra dentro: quizá volveré en seguida: cierra las puertas detrás de ti: el que guarda, halla: un proverbio que nunca envejece en un ánimo ahorrador. *(Se va.)*

YÉSICA. Adiós, y, si no se estropea mi fortuna, yo he perdido un padre, y tú una hija. *(Se va.)*

[10] O quizá «que hace torcer el cuello» (a quien lo toca).
[11] Ismaelita, es decir, de la raza despreciada por los israelitas.

ESCENA VI

Entran Graciano y Salarino, con máscaras.

GRACIANO. Ésta es la galería bajo la cual nos encargó Lorenzo que nos quedáramos.

SALARINO. Casi ha pasado la hora.

GRACIANO. Y es extraño que se retrase, porque los enamorados siempre corren por delante del reloj.

SALARINO. ¡Ah, las palomas de Venus vuelan diez veces más de prisa para sellar los pactos recientes de amor, que para mantener firme la fe jurada!

GRACIANO. Eso pasa siempre: ¿quién se levanta de un festín con el agudo apetito con que se sienta? ¿Dónde está el caballo que vuelve sobre sus tediosos pasos con el fuego incontenible con que los dio por primera vez? Todas las cosas que existen, se persiguen con más ánimo que se disfrutan. ¡Cómo zarpa el barco empavesado de su puerto nativo, igual que un jovenzuelo o un pródigo, abrazado y apretado por la lasciva brisa! ¡Cómo vuelve, igual que el pródigo, con cuadernas destrozadas por la tempestad y velas en jirones, macilento, roto, y hecho un mendigo por la lasciva brisa!

Entra Lorenzo.

SALARINO. Aquí viene Lorenzo: ya seguiremos luego con eso.

LORENZO. Buenos amigos, paciencia por mi larga tardanza: no yo, sino mis asuntos, os han hecho esperar: cuando os plazca hacer de ladrones buscando mujer, yo vigilaré igual de tiempo entonces. Acercaos: aquí vive mi suegro el judío. ¡Eh!, ¿quién hay ahí?

Se asoma Yésica, arriba, vestida de muchacho.

YÉSICA. ¿Quién sois? Decídmelo, para mayor seguridad, aunque juraría que conozco vuestra voz.

LORENZO. Soy Lorenzo, tu amor.

YÉSICA. Lorenzo, ciertamente; y mi amor, desde luego, pues, ¿a quién amo yo tanto? Y ahora ¿quién sabe si soy tuya, Lorenzo, sino tú?

LORENZO. El cielo y tus pensamientos son testigos de que lo eres.

YÉSICA. Ea, toma esta arqueta: vale la pena. Me alegro de que sea de noche, y no me veas, pues estoy muy avergonzada de mi cambio; pero el amor es ciego y los amantes no pueden ver las lindas locuras que cometen: pues si pudieran, hasta Cupido se ruborizaría al verme así transformada en un muchacho.

LORENZO. Baja, pues has de ser mi portaantorchas.

YÉSICA. ¿Cómo, he de sostener la luz para que se vea mi vergüenza? Ella misma, a fe, ya está bastante clara[12]. Ay, amor, ése es un cargo para hacer ver, y yo habría de oscurecerme.

LORENZO. Y así lo haces, amada, precisamente con el delicioso vestido de muchacho. Pero ven en seguida: pues la reservada noche está huyendo, y se nos espera en la fiesta de Bassanio.

YÉSICA. Cerraré las puertas, y me doraré con algunos ducados más, y en seguida estaré contigo. *(Se retira de arriba.)*

GRACIANO. Vaya, por mi capucha, es gentil y no judía.

LORENZO. Maldito sea yo si no la quiero de corazón, pues es sensata, si la puedo juzgar; y es bella, si mis ojos son veraces; y es veraz, como lo ha demostrado; y así pues, tal como es ella, sensata, bella y veraz, estará puesta en mi alma constante.

Entra Yésica.

¿Qué, has venido? Vamos, caballeros, vamos allá: a estas horas nos esperan nuestros compañeros de mascarada. *(Se va con Yésica y Salarino.)*

Entra Antonio.

ANTONIO. ¿Quién está ahí?

GRACIANO. ¡*Signor* Antonio!

ANTONIO. ¡Vamos, vamos, Graciano! ¿Dónde están todos los demás? Son las nueve: todos nuestros amigos os esperan. No hay mascarada esta noche: el viento se ha levantado y Bassanio subirá a bordo en seguida: he mandado veinte hombres por ahí a buscarte.

GRACIANO. Me alegro: no deseo más placer que izar velas y marcharme esta noche. *(Se van.)*

12 Se juega con *light*, en cuanto «luz» y «ligero».

ESCENA VII

[Belmonte. Sala en casa de Porcia]

Toque de trompetas. Entran Porcia, el Príncipe de Marruecos y sus séquitos.

PORCIA. Vamos, descorred las cortinas[13] y mostrad las arquetas a este noble príncipe. Ahora haced vuestra elección.

MARRUECOS. La primera, de oro, lleva esta inscripción: «Quien me elija, obtendrá lo que muchos desean»; la segunda, de plata, lleva esta promesa: «Quien me elija, obtendrá tanto como merece»; la tercera, de opaco plomo, lleva un aviso tan rudo como ella: «Quien me elija, debe dar y arriesgar todo lo que tiene». ¿Cómo voy a saber si elijo la que es?

PORCIA. Una de ellas contiene mi retrato, Príncipe: si la elegís, soy vuestra al mismo tiempo.

MARRUECOS. ¡Que algún Dios dirija mi juicio! Vamos a ver: volveré a examinar las inscripciones: ¿qué dice esta arqueta de plomo?: «Quien me elija, debe dar y arriesgar todo lo que tiene». Debe dar... ¿por qué? ¿Por plomo? ¿Arriesgar por plomo? Esta arqueta es amenazadora. Los hombres que lo arriesgan todo lo hacen con esperanza de hermosas ganancias: un ánimo de oro no se rebaja a apariencias de escoria: entonces, no arriesgaré nada por plomo. ¿Qué dice la plata, con su color virginal? «Quien me elija, obtendrá tanto como merece.» ¡Tanto como merece! Detente aquí, Marruecos, y pesa tu valor con mano equitativa. Si eres valorado por tu propia estima, mereces bastante: y sin embargo, quizá no llegues a tanto como esta dama: y sin embargo, tener miedo por mis méritos sería descalificarme a mí mismo con debilidad. ¡Tanto como merezco! Bien, eso es esta dama: por mi estirpe la merezco, y por mi fortuna, mi gracia y mis calidades de educación: pero más que todo esto, la merezco

[13] Se aprovechan las cortinas que, en el escenario elisabetiano, cerraban el espacio al fondo.

por amor. ¿Y si no siguiera más allá, sino que me detuviera aquí? Vamos a ver otra vez este dicho grabado en oro: «Quien me elija, obtendrá lo que muchos desean». Ah, eso es la dama: todo el mundo la desea: vienen de los cuatro confines de la tierra a besar este santuario, esta santa de aliento mortal. Los desiertos hircanios y las vastas soledades de la ancha Arabia son ahora como avenidas para los príncipes que vienen a ver a la bella Porcia: el imperio acuático, cuya cabeza ambiciosa escupe a la cara del cielo, no es límite que detenga a los espíritus extranjeros[14], sino que vienen, como cruzando un arroyuelo, a ver a la bella Porcia. Una de estas tres arquetas contiene su celestial imagen. ¿Es posible que la contenga este plomo? Sería condenación pensar tan bajo pensamiento: sería demasiado grosero para guardar su sudario en la oscura tumba. ¿O he de pensar que esté encerrada en plata, si vale diez veces menos que el oro de ley? ¡Oh pensamiento pecaminoso! Jamás tan rica gema se engarzó en algo peor que el oro. En Inglaterra hay una moneda que lleva la imagen de un ángel acuñada en oro, pero grabada por fuera: aquí, un ángel yace en lecho de oro, dentro por entero. Entregadme la llave: ¡ésta elijo, y ojalá tenga suerte!

PORCIA. Tomadla aquí, Príncipe: y si mi figura está dentro, soy vuestra entonces.

Él abre la arqueta de oro.

MARRUECOS. ¡Ah infierno! ¿Qué tenemos aquí? Una podrida calavera en cuyos ojos vacíos hay un papel escrito. Leeré lo que pone:

No todo lo que brilla ha de ser oro:
siempre oíste decir al mundo a coro.
Ha vendido su vida mucha gente
por mirarme por fuera solamente:
no hay tumba de oro sin gusano y lloro.
Si fueras tan sensato como osado,
joven de cuerpo y viejo en buen sentido,
tal respuesta no habrías recibido:
adiós: tu pretensión ha fracasado.

Fracasado, sí, y perdido el trabajo: entonces, ¡adiós,

[14] Alusión a la creencia popular de que los espíritus y duendes no podían atravesar corrientes de agua.

calor, y bien venida, escarcha! Porcia, adiós. Tengo el corazón demasiado afligido para despedirme tediosamente. Así se van los que pierden. *(Sale, con su séquito. Toque de trompetas.)*

PORCIA. ¡Deliciosa liberación! Corred la cortina, marchaos. Que me elijan así todos los de su color. *(Se van.)*

ESCENA VIII

[Venecia. Una calle]

Entran Salarino y Solanio.

SALARINO. Bueno, hombre, ya he despedido a Bassanio, que ha zarpado, y con él se ha ido Graciano: estoy seguro de que Lorenzo no está en su barco.

SOLANIO. El maldito judío ha hecho levantarse al Dogo con sus gritos para que fuera con él a registrar el barco de Bassanio.

SALARINO. Llegó tarde: el barco había zarpado: pero se le dio a entender al Dogo que habían visto juntos en una góndola a Lorenzo y su enamorada Yésica: además, Antonio aseguró al Dogo que no estaban con Bassanio.

SOLANIO. Nunca he oído una cólera tan extraña, tan ultrajante, y tan variable, como los gritos del perro judío por las calles: «¡Mi hija! ¡Ah, mis ducados! ¡Ah, mi hija! ¡Se ha escapado con un cristiano! ¡Ah, mis ducados cristianos! ¡Justicia! ¡La ley! ¡Mis ducados, mi hija! ¡Una bolsa llena, dos bolsas llenas de ducados, de dobles ducados, que me ha robado mi hija! ¡Y joyas, dos piedras, dos ricas piedras preciosas, que me ha robado mi hija! ¡Justicia! ¡Encontrad a la muchacha: lleva encima las piedras y los ducados!»

SALARINO. En fin, todos los chicos de Venecia le siguen gritando «¡sus piedras, su hija, sus ducados!».

SOLANIO. El buen Antonio puede tener cuidado de pagarle en su día, o pagará por esto.

SALARINO. Pardiez, bien recordado. Ayer hablé con un francés que me dijo que en los estrechos mares que separan a los franceses y los ingleses, se perdió un barco de nuestro país con rica carga. Yo pensé en Antonio cuando me lo dijo, y deseé en silencio que no fuera suyo.

SOLANIO. Sería mejor que le dijeras a Antonio lo que has oído: pero no lo hagas de repente, porque le puede afligir.

SALARINO. No pisa la tierra más amable caballero. Vi despedirse a Antonio y Bassanio: Bassanio le dijo que se daría prisa en volver: él contestó: «No lo hagas; no estropees el asunto por mí, Bassanio, sino quédate hasta que madure la ocasión; y en cuanto a la garantía que ha recibido de mí el judío, que no entre en tu ánimo enamorado: ten alegría, y dedica tus mejores pensamientos a cortejar y a las hermosas ostentaciones de amor que allí te sean convenientes»: y entonces, con los ojos cargados de lágrimas volvió la cara, tendió la mano hacia atrás y estrechó la mano de Bassanio con cariño prodigiosamente notable: y así se separaron.

SOLANIO. Creo que sólo por él ama el mundo. Te ruego que vayamos a buscarle, para animar la melancolía a que se ha dado, con algún entretenimiento.

SALARINO. Hagámoslo así. *(Se van.)*

ESCENA IX

[Belmonte. Sala en casa de Porcia]

Entra Nerisa, con un Criado.

NERISA. De prisa, de prisa, vamos. Corre en seguida la cortina: el príncipe de Aragón ha prestado su juramento, y viene ya a hacer su elección.

Toques de trompeta. Entran el Príncipe de Aragón, Porcia y sus séquitos.

PORCIA. Mirad, noble Príncipe, ahí están las arquetas. Si elegís la que me contiene, en seguida se solemnizarán nuestros ritos nupciales; pero si fracasáis, sin decir más, señor, debéis marcharos de aquí inmediatamente.

ARAGÓN. Estoy obligado por juramento a observar tres cosas: primero, a no revelar jamás a nadie qué arqueta elegí; después, si fallo la arqueta, a no cortejar en mi vida a una doncella con vistas al matrimonio; y por último, si fallo en la suerte de mi elección, a dejaros inmediatamente y marcharme.

PORCIA. Esas obligaciones juran todos los que vienen a arriesgarse por mi indigna persona.

ARAGÓN. Y a eso me he preparado. ¡Fortuna ahora, para la esperanza de mi corazón! Oro, plata y vulgar plomo. «Quien me elija, debe dar y arriesgar todo lo que tiene.» Tendrás que tener más bello aspecto, antes que yo dé o arriesgue. ¿Qué dice la arqueta de oro? ¡Ah! Vamos a ver: «Quien me elija, obtendrá lo que muchos desean». ¡Lo que muchos desean! Ese «muchos» puede significar la necia multitud, que elige por la apariencia, sin aprender más de lo que enseña la vana mirada que no escudriña el interior, sino que, como el vencejo, hace el nido a la intemperie en el muro de fuera, en poder y en el camino del riesgo. No elegiré lo que desean muchos, porque no he de precipitarme con los espíritus vulgares ni alinearme con las bárbaras multitudes. Bueno, entonces, vamos contigo, argentina casa del tesoro, y dime una vez más qué título ostentas: «Quien me elija, obtendrá tanto como merece». Y muy bien dicho, también: pues ¿quién va a ir por ahí a estafar a la fortuna y a tener honores sin el sello del mérito? Que nadie pretenda ostentar una dignidad que no merece. ¡Ah si los rangos, grados y cargos no se obtuvieran por corrupción, y ese claro honor se adquiriera por el mérito de quien los ostenta! Entonces ¡cuántos que hoy se descubren se cubrirían; cuántos que mandan serían mandados; cuánta baja rufianería sería separada de la verdadera semilla del honor, y cuánto honor habría que recoger de en medio de la paja y la ruina de los tiempos para recibir nuevo lustre! Bien, pero a mi elección: «Quien me elija, obtendrá lo que merece». Quiero recibir lo que merezco. Dadme la llave de ésta, y abrid al momento mi fortuna aquí.

Abre la arqueta de plata.

PORCIA. Muy largo silencio para lo que encontráis ahí.

ARAGÓN. ¿Qué hay aquí? ¡El retrato de un idiota que

guiña el ojo y me ofrece un papel! Lo leeré. ¡Qué diferente eres tú de Porcia! ¡Qué diferente de mis esperanzas y de mis méritos! «Quien me elija, obtendrá lo que merece.» ¿No merecía yo más que la cara de un idiota? ¿Es ése mi premio? ¿No valen más mis méritos?

PORCIA. Hacerse culpable y juzgar son funciones distintas, y de naturaleza opuesta.

ARAGÓN. ¿Qué dice aquí?

Siete veces el fuego me ha probado:
siete veces probada es la razón
que nunca se equivoca en su elección:
hay quien tan sólo sombras ha besado,
quien es feliz con sólo sombra al lado:
y hay tontos de preciosa tontería
plateada, y así pasa con éste.
Da igual qué esposa contigo se acueste:
tu cabeza será siempre la mía:
así que vete: cesa en tu porfía.

Aún más tonto pareceré por el tiempo que me entretenga aquí: vine a cortejar con una cabeza de tonto, pero me marcho con dos. Adiós, dulcísima. Mantendré mi juramento de sobrellevar en silencio mi ignominia. *(Se va el Príncipe de Aragón, con su séquito.)*

PORCIA. Así la candela ha quemado a la polilla. ¡Ah esos tontos reflexivos! Cuando eligen, tienen la sabiduría de perder con su ingenio.

NERISA. No es una herejía el viejo dicho: «La horca y la boda son cosas del destino»[15].

PORCIA. Vamos, echa la cortina, Nerisa.

Entra un Criado.

CRIADO. ¿Dónde está mi señora?

PORCIA. Aquí; ¿qué quiere mi señor?

CRIADO. Señora, se ha apeado ante vuestra puerta uno que viene por delante para anunciar la llegada de su señor, de cuya parte trae saludos palpables, esto es, además de homenajes y palabras corteses, regalos de rico valor. Jamás he visto un embajador de amor tan grato: jamás llegó tan dulce un día de abril para mostrar que se acercaba el espléndido verano, como este heraldo anticipándose a su señor.

15 «Matrimonio y mortaja, del cielo baja.»

PORCIA. Basta, por favor: casi tengo miedo de que vayas a decir en seguida que es pariente tuyo, ya que gastas para alabarlo tal ingenio de días de fiesta. Vamos, vamos, Nerisa, porque quiero ver ese rápido heraldo de Cupido que viene con tanta elegancia.

NERISA. ¡Ah, señor Amor, si fuera Bassanio[16]! *(Se van.)*

[16] O, con otra puntuación: «Sea Bassanio el señor [de Belmonte], amor, si ésa es tu voluntad».

ACTO TERCERO

ESCENA PRIMERA

[Venecia. Una calle]

Entran Solanio y Salarino.

SOLANIO. Bueno, ¿qué noticias hay en el Rialto?

SALARINO. Pues corre por ahí, sin desmentirse, que a Antonio le ha naufragado en los estrechos un barco con rico cargamento; en los Goodwins, creo que se llama el sitio; un bajío muy peligroso, fatal, donde yacen sepultados los restos de muchos grandes barcos, según dicen, si mi comadre Noticia es mujer honrada y de palabra.

SOLANIO. Querría que fuera tan embustera como cualquier comadre que jamás haya roído jengibre o haya hecho creer a los vecinos que ha llorado por la muerte de su tercer marido. Pero es cierto, sin deslizarse a la prolijidad, sin dejar el sencillo camino real de la conversación, que el buen Antonio, el honrado Antonio... ¡Ah si tuviera un título bastante bueno como para acompañar su nombre!

SALARINO. Vamos, el punto final.

SOLANIO. Eh, ¿qué dices? Entonces, el final es que ha perdido un barco.

SALARINO. Ojalá resultara eso el final de sus pérdidas.

SOLANIO. Déjame decir «amén» a tiempo, no sea que el diablo me estropee la oración, pues ahí viene, bajo aspecto de judío.

Entra Shylock.
¿Qué hay, Shylock? ¿Qué se cuenta entre los mercaderes?

SHYLOCK. Ya habéis sabido, nadie tan bien, nadie tan bien como vosotros, de la huida de mi hija.

SALARINO. Es verdad: por mi parte, conocía al sastre que le hizo las alas con que voló.

SOLANIO. Y Shylock, por su parte, conocía que el pájaro ya tenía pluma, y, entonces, está en la naturaleza de todos ellos abandonar a la madre.

SHYLOCK. Está condenada por ello.

SALARINO. Eso es verdad, si el demonio puede ser su juez.

SHYLOCK. ¡Rebelarse, mi propia carne y mi sangre!

SOLANIO. Quita de ahí, vieja carroña: ¿se te va a rebelar a tus años[1]?

SHYLOCK. Digo que mi hija es carne y sangre mía.

SALARINO. Hay más diferencia entre tu carne y la suya que entre el azabache y el marfil; más entre vuestras sangres que entre el vino tinto y el del Rin. Pero dinos, ¿has oído si Antonio ha tenido alguna pérdida en el mar, o no?

SHYLOCK. Ahí tengo otro mal asunto: uno en quiebra, un pródigo, que apenas se atreve a asomar la cabeza en el Rialto; un mendigo, que venía a la plaza tan endomingado: ¡pues que se fije en su compromiso! Él solía llamarme usurero: ¡que se fije en su compromiso! Él prestaba dinero a cambio de una cortesía cristiana: ¡pues que se fije en su compromiso!

SALARINO. Bueno, estoy seguro de que si no cumple, no querrás su carne: ¿para qué sirve?

SHYLOCK. Para cebo de pesca: si no alimenta otra cosa, alimentará mi venganza. Me ha infamado, y me ha estorbado ganar medio millón: se ha reído de mis pérdidas, ha insultado a mi raza, ha estropeado mis tratos, ha enfriado a mis amigos, ha acalorado a mis enemigos: y ¿por qué razón? Soy judío. Un judío ¿no tiene ojos? ¿No tiene un judío manos, órganos, dimensiones, sentidos, afectos, pasiones? ¿No se alimenta con la misma comida, no es herido por las mismas armas, no está

[1] Solanio finge entender que lo que se le rebela a Shylock son sus deseos carnales.

sujeto a las mismas enfermedades, no se cura por los mismos medios, no se enfría y se calienta con el mismo invierno y el mismo verano que un cristiano? Si nos pincháis, ¿no sangramos? Si nos hacéis cosquillas, ¿no nos reímos? Y si nos ofendéis ¿no nos vamos a vengar? Si somos como vosotros en lo demás, nos pareceremos a vosotros en eso. Si un judío ofende a un cristiano, ¿cuál es la humildad de éste? La venganza. Si un cristiano ofende a un judío, ¿cuál habría de ser su paciencia, según el modelo cristiano? Pues la venganza. La villanía que me enseñáis, la voy a ejecutar, y difícil será que no mejore la enseñanza.

Entra un Criado.

CRIADO. Caballeros, mi amo Antonio está en casa y desea hablar con vosotros dos.

SALARINO. Hemos ido de un lado para otro buscándole.

Entra Tubal.

SOLANIO. Aquí viene otro de la tribu: no puede haber quien les haga el tercio, a no ser que el mismo diablo se vuelva judío. *(Se van Solanio, Salarino y el Criado.)*

SHYLOCK. ¿Qué hay, Tubal? ¿Qué noticias hay de Génova? ¿Has encontrado a mi hija?

TUBAL. He ido muchas veces donde oía hablar de ella, pero no he podido encontrarla.

SHYLOCK. ¡Ah, eso, eso, eso, eso! ¡Se ha ido un diamante que me costó dos mil ducados en Francfort! Hasta ahora, la maldición no había caído nunca sobre nuestra raza: nunca la había sentido hasta ahora: dos mil ducados en eso, y otras preciosas joyas, preciosas. ¡Querría que mi hija estuviera muerta a mis pies, con las joyas en la oreja! ¡Querría que estuviera para enterrar a mis pies, y los ducados en el ataúd! ¿No hay noticias de ellos? Ea, ya está: y no sé cuánto se ha gastado en buscarles; en fin, tú... ¡Pérdida sobre pérdida! El ladrón se ha ido con tanto, y otro tanto para encontrar al ladrón; y sin satisfacción, sin venganza: ni hay desgracia que se mueva, sino la que se posa en mis hombros: no hay suspiros sino los de mi respiro; no hay lágrimas sino las que yo vierto.

TUBAL. Sí, otros tienen desgracias también. Antonio, según he oído decir en Génova...

SHYLOCK. ¿Qué, qué, qué? ¿Desgracia, desgracia?

TUBAL. ...ha perdido una carabela que volvía de Trípoli.

SHYLOCK. ¡Gracias a Dios, gracias a Dios! ¿Es verdad, es verdad?

TUBAL. Hablé con unos marineros que se habían salvado del naufragio.

SHYLOCK. Te lo agradezco, buen Tubal. ¡Buenas noticias, buenas noticias! ¡Ja, ja! ¿Dónde, en Génova?

TUBAL. Según oí decir, en Génova, tu hija gastó en una sola noche ochenta ducados.

SHYLOCK. Me clavas un puñal: jamás volveré a ver mi oro: ¡ochenta ducados de una sentada! ¡Ochenta ducados!

TUBAL. Han venido conmigo a Venecia varios acreedores de Antonio que juran que no podrá menos de declararse en quiebra.

SHYLOCK. Me alegro mucho de eso: le afligiré, le torturaré: me alegro mucho.

TUBAL. Uno de ellos me enseñó un anillo que había recibido de tu hija a cambio de un mono.

SHYLOCK. ¡Fuera con ella! Me torturas, Tubal: era mi turquesa: la recibí de Lía cuando era soltero: no la habría dado ni a cambio de una selva de monos.

TUBAL. Pero Antonio está deshecho, sin duda.

SHYLOCK. Sí, es verdad, es mucha verdad. Ve, Tubal, y paga a un oficial de justicia: comprométele con quince días de antelación. Quiero tener su corazón, si no cumple: porque, si no estuviera él en Venecia, yo podría hacer los negocios que quiero. Ve, ve, Tubal, y ya nos veremos en nuestra sinagoga: ve, buen Tubal, en nuestra sinagoga, Tubal. *(Se van.)*

ESCENA II

[Belmonte. Sala en casa de Porcia]

Entran Bassanio, Porcia, Graciano, Nerisa y criados.

PORCIA. Por favor, esperad: deteneos un día o dos antes de arriesgaros; pues, si elegís mal, pierdo vuestra compañía: así que aguardad un poco. Hay algo que me dice, aunque no es amor, que no os querría perder; y vos mismo sabéis que el odio no da tales advertencias. Pero por si no me entendéis bien —y sin embargo una doncella no tiene lengua, sino pensamiento— querría deteneros aquí un mes o dos antes que os aventurarais por mí. Os podría enseñar a elegir bien, pero entonces faltaría a mi juramento, y no ha de ser jamás así. Entonces, quizá me perderéis, pero si me perdéis me haréis desear un pecado, el haber sido perjura. Malditos sean vuestros ojos que me han mirado partiéndome en dos: una mitad mía es vuestra, la otra es vuestra, mía debería decir, pero si es mía es vuestra, y así todo es vuestro. ¡Ah, estos malos tiempos ponen fronteras entre los propietarios y sus derechos! Y así, aunque vuestra, no soy vuestra. Si así resulta, que se vaya al infierno por ello la fortuna, no yo. Demasiado hablo, pero es para estirar el tiempo, para alargarlo y amoldarlo, para retrasar vuestra elección.

BASSANIO. Dejadme elegir, pues tal como estoy, vivo en el potro de tormento.

PORCIA. ¡En el potro de tormento, Bassanio! Confesad[2], entonces, qué traición anda mezclada con vuestro amor.

BASSANIO. Ninguna sino la fea traición de la desconfianza que me hace temer no gozar mi amor: tanta amistad y vida puede haber entre nieve y fuego, como entre la traición y mi amor.

PORCIA. Sí, pero me temo que habléis en el potro de tormento, donde se obliga a los hombres a decir cualquier cosa.

BASSANIO. Prometedme la vida y confesaré la verdad.

PORCIA. Bien, entonces, confesad y vivid.

BASSANIO. «Confesad y amad»[3] hubiera sido el resumen de mi confesión: ¡oh feliz tormento, cuando mi torturadora me enseña las respuestas para mi liberación! Pero vamos a mi suerte y las arquetas.

PORCIA. ¡Adelante, entonces! Estoy encerrada en una de ellas: si me queréis, me sabréis encontrar. Nerisa y los demás, apartaos: que suene música mientras él

[2] El potro de tormento se usaba para hacer confesar sus delitos a los criminales.

[3] Se juega con *confess and live* y *confess and love*.

hace su elección, para que, si pierde, tenga un final como el del cisne, desvaneciéndose en música[4]: para que la comparación sea más adecuada, mis ojos serán la corriente y el acuático lecho de muerte para él. Quizá gane, y ¿qué es entonces la música? Entonces la música es como el toque de trompeta cuando los fieles súbditos se inclinan ante un monarca recién coronado: es como esos acariciadores sonidos que, al romper el día, se deslizan en el oído del novio, entre sus sueños, y le llaman a la boda. Allá va, con no menor presencia, pero con mayor amor que el joven Alcides cuando rescató el tributo virginal pagado por la aullante Troya al monstruo marino[5]: aquí estoy para el sacrificio; los demás que se apartan son las esposas dardanias que, con rostros de llanto, acuden a ver el resultado de la hazaña. ¡Ve, Hércules! Vive tú y viviré yo: con mucho, mucho mayor temor miro la lucha que tú puedes pelear.

Música, mientras Bassanio hace comentarios para sí sobre las arquetas.

CANCIÓN[6]

¿Dónde nace, decid, la fantasía:
en la cabeza o en el corazón?
¿Cómo sale a la luz, cómo se cría?
Dadme una explicación.
Nace en los ojos, y, voraz vigía,
el contemplar le da alimentación:
y en esa misma cuna muere un día.
Doblad a muerto por la fantasía:
yo empezaré: din, don, din, don, din, don.

TODOS. *Din, don, din, don, din, don.*

BASSANIO. Así, las apariencias exteriores pueden ser menos de lo que son: el mundo siempre se engaña con el ornamento. En la justicia, ¿qué alegato hay tan manchado y corrompido que, sazonado con voz graciosa, no oscurezca la apariencia del mal? En religión, ¿qué

[4] Era creencia tradicional que el cisne cantaba una sola vez, al sentirse morir.
[5] Hércules (Alcides) salvó a Hesione, hija de Laomedón, rey de Troya, del monstruo enviado por Neptuno (Poseidón), dios del mar.
[6] Según algunos comentaristas, Porcia, al cantar esta canción, parece indicar disimuladamente a Bassanio cuál es la arqueta a elegir, porque las rimas de los tres primeros versos, *bred, head, nourished*, apuntan a *lead*, «plomo».

error hay tan condenado que no encuentre alguna seria frente que lo bendiga y autorice con un texto sagrado, ocultando su monstruosidad con bello ornamento? No hay vicio[7] tan sincero que no asuma alguna señal de virtud en su exterior: ¡cuántos cobardes cuyos corazones son tan falsos como escaleras de arena, ostentan en sus barbillas las barbas de Hércules y del ceñudo Marte, cuando, si se les explora por dentro, tienen unos hígados tan blancos como la leche, y asumen las excrecencias del valor sólo para hacerse temer! Mirad la belleza, y veréis cómo se compra al peso, y con eso hace un milagro en la naturaleza, dando más liviandad a quien más se carga de ella: así esos rizos de oro, retorcidos como serpientes, que hacen tan locas cabriolas al viento sobre una supuesta hermosura, a menudo se sabe que son dote de una segunda cabeza, y la calavera que los crió está en el sepulcro. Así el ornamento no es sino la pérfida orilla de un peligrosísimo mar: el hermoso velo que oculta una belleza india[8]; en una palabra, la verdad aparente que los astutos tiempos ponen para cazar en trampa a los más listos. Así pues, tú, oro fastuoso, duro alimento de Midas[9], no quiero nada contigo; ni nada contigo, pálida medianera común entre hombre y hombre[10]; sino contigo, pobre plomo, que más bien amenazas en vez de prometer nada: tu sencillez me conmueve más que la elocuencia, y aquí elijo: ¡alegría sea la consecuencia!

PORCIA [*aparte*]. ¡Cómo se disuelven en el aire todas las demás pasiones, tales como pensamientos dudosos, desesperación precipitadamente abrazada, miedo tembloroso, envidia de verdes ojos! Oh amor, sé moderado: refrena tu éxtasis; refrena con medida tu alegría; modera este exceso. Noto demasiado tu bendición: hazla menguar, no sea que me abrume.

BASSANIO. ¿Qué encuentro aquí? *(Abre la arqueta de plomo.)* ¡La imagen de la bella Porcia! ¿Qué semidiós se ha acercado tanto a la creación? ¿Se mueven estos ojos? ¿O, al cabalgar en las esferas de los míos,

[7] En otro texto se lee *voice*, «voz», en vez de *vice*.
[8] Esto es, de piel oscura, lo cual se consideraba fealdad.
[9] Al rey Midas se le concedió que se le volviera oro todo lo que tocara: la consecuencia fue que no podía comer nada.
[10] La plata.

parecen en movimiento? Aquí hay labios entreabiertos, separados por un hálito azucarado: tan dulce frontera había de separar a tan dulces amigos. Aquí en su pelo el pintor ha hecho de araña, tejiendo una dorada trama para cazar en su trampa los corazones de los hombres mejor que mosquitos en telarañas: pero ¡sus ojos! ¿Cómo pudo ver para pintarlos? Al pintar uno, me parece que éste debió tener fuerza para robarle los dos suyos, dejándole así sin ellos. Pero mirad, cuánto agravia la substancia de mi alabanza a esta sombra al no valorarla bastante, igual que esta sombra se rezaga renqueando detrás de la substancia. Aquí está el papel, el índice y sumario de mi fortuna:

Tú, que no eliges por lo que se ve,
ten ahora fortuna de verdad.
Y puesto que tal suerte halla tu fe,
sé feliz sin buscar más novedad.
Y si te quieres contentar con eso,
y juzgas tu esperanza así colmada,
vuélvete ahora adonde esté tu amada
a reclamar su amor dándole un beso.

¡Amable papel! Bella señora, con vuestro permiso [*la besa*]: vengo a dar y recibir, por el documento adjunto. Como uno de los dos que han luchado en un torneo, que cree haberse portado bien a los ojos de la gente, al oír el aplauso y el clamor general, aturdido de espíritu, y mirando aún con duda de si esos gritos de alabanza son suyos o no; así, señora, tres veces bella, así precisamente estoy, dudoso de si es verdad lo que veo, hasta que esté por vos confirmado, sellado y ratificado.

PORCIA. Me veis, señor Bassanio, donde estoy, tal como soy: aunque por mí misma sola no sería ambiciosa en mis deseos, deseando ser mucho mejor, sin embargo, por vos me triplicaría veinte veces a mí misma, mil veces más hermosa, diez mil veces más rica, y ello sólo para elevarme en vuestra consideración: querría superar toda cuenta en virtud, belleza, bienes, amigos: pero mi suma total es suma de nada: como es, en redondo, una muchacha ignorante, inexperta, ingenua; dichosa en que todavía no es tan vieja como para no poder aprender; más dichosa aún, en que no se ha criado tan tonta que no pueda aprender; y más dichosa de todo, porque su dulce espíritu se encomienda al vuestro para ser dirigido, como por parte de su señor, su gobernador, su rey. Yo misma y lo que es mío pasan ahora a vos y lo vuestro: hasta ahora, he sido señora de esta hermosa mansión, ama de mis criados, reina de mí misma: y ahora mismo, desde ahora, esta casa, estos criados, y yo misma somos vuestros, mi señor. Los dos con este anillo: si os separáis de él, o lo perdéis o lo regaláis, presagiará la ruina de vuestro amor, y me dará derecho a reclamaros.

BASSANIO. Señora, me habéis privado de todas las palabras: sólo mi sangre os habla en mis venas: y hay tal confusión en mis potencias como, tras de un discurso elocuentemente pronunciado por un príncipe amado, se echa de ver en la complacida multitud susurrante: donde cada cosa, al juntarse y fundirse, se convierte en una confusión de nada más que de gozo, expresado y no expresado. Pero cuando este anillo se separe de este dedo, que se separe la vida de aquí: ¡ah, entonces atreveos a decir que Bassanio está muerto!

NERISA. Mi señor y mi señora, ahora es el momento nuestro, de que los que hemos estado a un lado viendo prosperar vuestros deseos, exclamemos ¡Buena suerte! ¡Buena suerte, mi señor y mi señora!

GRACIANO. Mi señor Bassanio y mi gentil señora, os deseo toda la alegría que podáis desear, pues estoy seguro de que no deseáis quitarme ninguna: y cuando vuestras señorías piensen solemnizar el contrato de vuestra fe, os ruego que en ese mismo momento me pueda casar yo también.

BASSANIO. De todo corazón, si puedes encontrar mujer.

GRACIANO. Doy gracias a vuestra señoría de que me haya dado una. Mis ojos, señor, pueden mirar con tanta rapidez como los vuestros; vos visteis a la señora, yo observé a la doncella; vos amasteis, yo amé; pues la tardanza no me gusta a mí más que a vos, señor. Vuestra fortuna estaba en esas arquetas, y la mía también, según ha resultado; pues cortejando aquí hasta sudar, y jurando hasta que se me secó el paladar con juramentos de amor, por fin, si hay promesa que no tenga fin[11],

[11] Se juega con *at last*, «por fin», y *to last*, «durar».

obtuve la promesa de esta bella de obtener su amor, con tal que vuestra suerte lograra a su señora.

PORCIA. ¿Es cierto, Nerisa?

NERISA. Sí, señora, si no os parece mal.

BASSANIO. Y tú, Graciano, ¿lo has dicho de buena fe?

GRACIANO. Sí, señor, a fe[12].

BASSANIO. Nuestra boda se honrará mucho con vuestro matrimonio.

GRACIANO. Nos apostaremos con ellos mil ducados al primer niño.

NERISA. Eso es entrar muy fuerte.

GRACIANO. En este juego no se gana nunca si no se entra fuerte[13]. Pero ¿quién viene aquí? ¿Lorenzo con su infiel? ¿Cómo, también mi viejo amigo veneciano, Salerio?

Entran Lorenzo, Yésica y Salerio, un mensajero de Venecia[14].

BASSANIO. Lorenzo y Salerio, bien venidos aquí, si es que la juventud de mi reciente autoridad aquí tiene poderes para daros la bienvenida. Con vuestra licencia, dulce Porcia, doy la bienvenida a mis paisanos y verdaderos amigos.

PORCIA. Y yo también, señor: son por completo bien venidos.

LORENZO. Gracias a vuestra señoría. Por mi parte, señor, mi propósito no era haberos visto aquí, pero al encontrarme a Salerio por el camino, él me rogó, sin que cupiera negárselo, que viniera con él.

SALERIO. Así es, señor, y tengo razones para ello. El *signor* Antonio os manda recuerdos. *(Da una carta a Bassanio.)*

BASSANIO. Antes de que abra esta carta, os ruego que me digáis cómo está mi buen amigo.

SALERIO. No está enfermo, señor, a no ser de ánimo; ni está bien a no ser de ánimo: esta carta suya os mostrará su situación.

GRACIANO. Nerisa, recibe bien a esta forastera: dale la bienvenida. Dadme la mano, Salerio. ¿Qué noticias hay

[12] Aunque la doncella de tan alta señora como Porcia podía muy bien casarse con un caballero como Graciano, o incluso como su amigo Bassiano, se tiene la sensación de que, desde que éste triunfa, se establece cierta desigualdad de nivel entre los amigos.

[13] Sustituimos otro juego de palabras del texto.

[14] «Un mensajero...», adición posterior.

de Venecia? ¿Cómo está ese egregio mercader, el buen Antonio? Sé que se alegrará de nuestro éxito: somos los Jasones que hemos ganado el vellocino.

SALERIO. Querría que hubierais ganado el vellocino que él ha perdido.

PORCIA. Hay algún mal contenido en ese papel que roba el color a las mejillas de Bassanio; algún querido amigo ha muerto; nada, si no, en el mundo, podría alterar tanto el ánimo de un hombre constante. ¿Qué, cada vez peor? Con permiso, Bassanio: soy la mitad de ti mismo, y debo tener libremente la mitad de todo aquello que te traiga este papel.

BASSANIO. ¡Ah dulce Porcia, aquí hay unas pocas de las más desagradables palabras que jamás han manchado papel! Gentil señora, la primera vez que te comuniqué mi amor, te dije francamente que toda la riqueza que tenía corría por mis venas: era un caballero, y te dije la verdad, y sin embargo, amada señora, aun apreciándome en nada, ya verás qué presumido era yo. Cuando te dije que mis bienes no eran nada, debía haberte dicho que eran peor que nada, pues, en efecto, me había comprometido con un buen amigo, comprometiendo a mi amigo con su peor enemigo, para ayudar a mis medios. Aquí hay una carta, señora, cuyo papel es el cuerpo de mi amigo, y cada palabra en ella es una herida abierta manando sangre vital. Pero ¿es verdad, Salerio? ¿Se han perdido todos sus bienes aventurados? ¿Cómo, ni una nave ha salido bien, desde Trípoli, desde Méjico a Inglaterra, desde Lisboa y Berbería a la India? ¿Ni una sola nave ha escapado al terrible toque de las rocas que arruinan a los mercaderes?

SALERIO. Ni una, señor. Además, parece ser que aunque tuviera el dinero dispuesto para pagar al judío, éste no lo querría tomar. Nunca he conocido una criatura con forma de hombre tan ávida y cruel para hundir a un hombre. Acosa al Dogo por la mañana y por la noche, y denigra la libertad del Estado si se le niega justicia: veinte mercaderes, el propio Dogo y los senadores de mayor importancia han tratado de persuadirle: pero nadie puede apartarle de su maligno alegato de la falta de pago, la justicia y el compromiso.

YÉSICA. Cuando yo estaba con él, le oí jurar a Tubal y

a Chus, sus compañeros de raza, que prefería la carne de Antonio a veinte veces el valor de la suma que le debía; y sé, señor, que si la ley, la autoridad y el poder no se lo niegan, al pobre Antonio le irá mal.

PORCIA. ¿En tal apuro está tu querido amigo?

BASSANIO. Mi amigo más querido, el hombre más bondadoso, el de mejor carácter y espíritu más incansable para hacer favores: en quien aparece el antiguo honor romano más que en ningún otro que respire en Italia.

PORCIA. ¿Qué cantidad debe al judío?

BASSANIO. Por mí, tres mil ducados.

PORCIA. ¿Cómo, nada más? Pagadle seis mil y anulad el compromiso: doblad los seis mil y luego triplicadlos, antes que un amigo de tal condición pierda un pelo por culpa de Bassanio. Primero ven conmigo a la iglesia a llamarme esposa, y luego ve a Venecia, por tu amigo: pues nunca has de yacer al lado de Porcia con alma intranquila. Recibirás dinero para pagar veinte veces esa mezquina deuda: mientras tanto, mi doncella Nerisa y yo viviremos como doncellas y viudas. ¡Anda, vete! Pues debes marcharte de aquí en el día de tu boda. Da la bienvenida a tus amigos: ponles cara alegre; puesto que estás comprado tan caro, me serás muy caro en amor. Pero léeme la carta de tu amigo.

BASSANIO [*lee*]. «Dulce Bassanio, mis naves se han perdido todas, mis acreedores se ponen crueles, mi hacienda está muy caída, mi compromiso con el judío ha vencido; y puesto que, al pagarlo, es imposible que yo viva, todas las deudas quedan saldadas entre tú y yo, con tal que pueda verte en mi muerte. Sin embargo, haz como gustes: si tu cariño no te persuade a venir, que no lo haga esta carta.»

PORCIA. ¡Oh amor, despacha todos los asuntos, y vete!

BASSANIO. Puesto que tengo tu permiso para marcharme, me daré prisa: pero hasta que vuelva, ningún lecho será culpable de mi tardanza, y ningún descanso se interpondrá entre nosotros dos. *(Se va.)*

ESCENA III

[Venecia. Una calle]

Entran Shylock, Solanio, Antonio y un Carcelero.

SHYLOCK. Carcelero, fíjate en él: no me hables de misericordia; éste es el estúpido que prestaba dinero gratis: carcelero, fíjate en él.

ANTONIO. Escúchame, buen Shylock.

SHYLOCK. Quiero lo comprometido: no hables contra el compromiso; he hecho un juramento y quiero lo comprometido. Me llamaste perro antes de tener motivo, pero, puesto que soy un perro, cuidado con mis garras. El Dogo me hará justicia: me extraña, necio carcelero, que seas tan tonto como para ir por ahí con él a petición suya.

ANTONIO. Por favor, escúchame.

SHYLOCK. Quiero lo comprometido: no te quiero escuchar: quiero que se cumpla el compromiso, así que no hables más. No harás de mí un necio blando y de ojos aturdidos, de los que mueven la cabeza, y se ablandan y suspiran y ceden a los ruegos de los cristianos. No sigas: no quiero hablar: quiero que se cumpla el compromiso. *(Se va.)*

SOLANIO. Es el perro más inexorable que jamás ha andado entre los hombres.

ANTONIO. Déjale en paz: no le seguiré más con ruegos inútiles. Quiere mi vida: conozco muy bien sus motivos. Muchas veces he librado de sus vencimientos a muchos que vinieron a gemirme en su momento: por eso me odia.

SOLANIO. Estoy seguro de que el Dogo jamás concederá que obtenga tal indemnización.

ANTONIO. El Dogo no puede negar su curso a la ley: pues si se niegan los privilegios que los extranjeros tienen con nosotros, en Venecia, eso desacreditaría mucho la justicia del Estado, puesto que el comercio y beneficio de la ciudad depende de todas las naciones. Así que vamos: estos dolores y pérdidas me han abatido tanto, que apenas podré reunir una libra de carne mañana para mi sanguinario acreedor. Bien, carcelero, vamos allá. ¡Quiera Dios que llegue Bassanio para verme pagar su deuda, y entonces no me importa nada! *(Se van.)*

ESCENA IV

[Belmonte. Sala en casa de Porcia]

E*ntran Porcia, Nerisa, Lorenzo, Yésica y Baltasar*[15].

LORENZO. Señora, aunque lo digo en vuestra presencia, tenéis un noble y auténtico concepto de la divina amistad, que se muestra con la mayor energía en que sobrellevéis así la ausencia de vuestro señor. Pero si conocierais a quien hacéis tal honor, a qué auténtico caballero enviáis alivio, a qué amigo más cariñoso de vuestro marido, mi señor, sé que estaríais más orgullosa de vuestra obra que lo que os haría estarlo una generosidad corriente.

PORCIA. Jamás me arrepentí de hacer el bien, y ahora tampoco: pues en compañeros que conversan y matan el tiempo juntos, y cuyas almas llevan un equitativo yugo de amor, debe haber por fuerza análoga proporción de rasgos, de maneras y de ánimo; lo que me hace pensar que ese Antonio, siendo quien más íntimamente quiere a mi señor, ha de ser por fuerza como mi señor. Si así es, ¡qué escaso es el precio que he dedicado a redimir la semejanza de mi alma para sacarla del estado de la crueldad infernal! Esto se acerca demasiado a alabarme a mí misma: así que basta de ello: oigamos otras cosas. Lorenzo, encomiendo en tus manos el cuidado y manejo de mi casa hasta el regreso de mi señor: por mi parte, he prestado al Cielo un voto secreto de vivir en oración y contemplación, acompañada sólo por Nerisa, hasta que vuelvan mi señor y su marido. Hay un monasterio a dos millas, y allí me

[15] Originalmente, «un criado de Porcia», sin indicar «Baltasar».

retiraré. Deseo que no os neguéis a este encargo que os impone mi cariño y la necesidad.

LORENZO. Señora, de todo corazón: os obedeceré en todas vuestras amables órdenes.

PORCIA. Mis gentes saben ya mi intención, y os obedecerán, a vos y a Yésica, en lugar de Bassanio y de mí. Así que quedaos bien hasta que nos reunamos otra vez.

LORENZO. ¡Bellos pensamientos y horas felices os acompañen!

YÉSICA. Deseo a vuestra señoría toda alegría de corazón.

PORCIA. Os agradezco vuestro deseo, y me satisface corresponderos con el mismo: adiós, Yésica. *(Se van Yésica y Lorenzo.)* Ahora, Baltasar, puesto que siempre te he hallado honrado y leal, que siga siendo así: toma esta carta, y con toda tu energía de hombre, date prisa en ir a Padua[16]: ocúpate de entregarla en manos de mi primo, el doctor Belario, y fíjate: los papeles y las ropas que te entregue, llévalos, por favor, con toda la velocidad imaginable, por el transbordador, por el barco público que comunica con Venecia. No gastes tiempo en palabras, sino vete: estaré allí antes que tú.

BALTASAR. Señora, iré con toda la velocidad conveniente. *(Se va.)*

PORCIA. Vamos, Nerisa, tengo entre manos un trabajo que todavía no conoces: veremos a nuestros maridos antes de lo que se imaginan.

NERISA. ¿Y ellos nos verán?

PORCIA. Nos verán, Nerisa, pero en tal traje que pensarán que estamos bien dotadas de lo que nos falta. Te apuesto cualquier cosa a que, cuando estemos las dos vestidas de galanes, que yo resultaré el más guapo mozo de los dos, y llevaré el estoque con gracia más valiente, y hablaré como en el cambio entre el muchacho y el hombre, con voz de lengüeta de caña, y cambiaré dos pasitos menudos por una zancada viril, y hablaré de peleas como un buen galán fanfarrón, y contaré mentiras extrañas de cómo han pretendido mi amor nobles damas, que, ante mi negativa, enfermaron y murieron; yo no pude remediarlo; y entonces me arre-

[16] Originalmente, por error, «Mantua».

pentiré y, a pesar de todo, desearía no haberlas matado: y contaré muchas otras mentirillas, de tal modo que los hombres jurarán que he salido de la escuela hace cerca de un año. Tengo en mi ánimo mil bromas pesadas de esos tipos fanfarrones, que pondré en práctica.

NERISA. ¿Qué nos daremos a hombres[17]?

PORCIA. ¡Quita allá, qué pregunta esa si tuvieras cerca algún intérprete lascivo! Pero vamos, te contaré todo mi plan cuando esté en mi coche, que nos espera en la verja del parque; así que date prisa, porque hoy tenemos que medir veinte millas. *(Se van.)*

ESCENA V

[Belmonte. Un jardín]

Entran Lanzarote y Yésica.

LANZAROTE. Sí, de veras, pues, mirad, los pecados del padre han de caer sobre los hijos: así que, os aseguro, tengo miedo por vos. Siempre os he hablado con franqueza, y os digo así mi *convulsión* sobre el asunto: así que, buen ánimo, porque creo de veras que estáis condenada. No queda en esto más que una esperanza que os pueda servir para algo, y es sólo una especie de esperanza bastarda.

YÉSICA. ¿Y qué esperanza es, por favor?

LANZAROTE. Pardiez, podéis tener en parte esperanza de que vuestro padre no os engendrara, de que no seáis hija del judío.

YÉSICA. Desde luego, sería una especie de esperanza bastarda: entonces los pecados de mi madre caerían sobre mí.

LANZAROTE. Entonces, la verdad, me temo que estéis condenada por parte de padre y por parte de madre; así cuando esquivo Escila, vuestro padre, caigo en Ca-

[17] *Shall we turn to men?*, a la vez «¿nos volveremos hombres?» y «¿nos iremos con hombres?»

ribdis[18], vuestra madre: vaya, estáis bien por los dos lados.

YÉSICA. Me salvaré por mi marido: él me ha hecho cristiana.

LANZAROTE. Es verdad, y hay que reprochárselo: ya éramos bastantes los cristianos, antes de eso; tantos como podíamos vivir bien, uno junto a otro. Con tanto hacerse cristianos va a subir el precio del cerdo: si todos nos volvemos comedores de puerco, dentro de poco no podremos encontrar cochinillo asado por todo el oro del mundo.

Entra Lorenzo.

YÉSICA. Le diré, Lanzarote, a mi marido lo que dices: aquí viene.

LORENZO. Voy a tener pronto celos de ti, Lanzarote, si te llevas así a mi mujer por los rincones.

YÉSICA. No, Lorenzo, no tienes que temer por nosotros: Lanzarote y yo estamos peleados. Me dice por las buenas que no hay misericordia para mí en el Cielo porque soy hija de un judío, y dice que tú no eres un buen miembro de la comunidad porque, al convertir judíos en cristianos, haces subir el precio del cerdo.

LORENZO. Responderé de eso ante la comunidad mejor que tú de hacer subir la tripa de la negra: la mora está preñada de ti.

LANZAROTE. La mora no se demora, pero me enamora aunque sea menos honesta de lo que creí[19].

LORENZO. ¡Cómo sabe cualquier tonto jugar con las palabras! Creo que dentro de poco la mejor gracia del ingenio será el silencio, y la conversación será sólo de alabar en los loros. Vete adentro, mozo: diles que se preparen para la comida.

LANZAROTE. Ya está hecho, señor: todos ellos tienen estómagos.

LORENZO. ¡Dios mío, qué parte-chistes eres! Entonces diles que preparen la comida.

LANZAROTE. También está hecho, señor: sólo falta el cubierto.

[18] Los dos remolinos clásicos, junto a Sicilia: por eludir uno de ellos, muchos navegantes caían en el otro.

[19] Se juega con *moor*, «mora», y *more*, «más»: se ha sugerido que se aludiera a alguna mora famosa entre los espectadores shakesperianos.

LORENZO. Pues cubierto, amigo.

LANZAROTE. ¿Yo cubierto? No, señor: conozco mi obligación[20].

LORENZO. ¡Otra vez aprovechando la ocasión! ¿Quieres enseñar toda la riqueza de tu ingenio en un instante? Por favor, comprende a un hombre sencillo en su sencilla intención: ve a buscar a tus compañeros: diles que pongan los cubiertos en la mesa, que sirvan la comida y entraremos a comer.

LANZAROTE. En cuanto a la mesa, señor, se servirá: en cuanto a la comida, señor, se cubrirá; en cuanto a que entréis a comer, en fin, sea como dispongan los humores y los caprichos. *(Se va.)*

LORENZO. ¡Ah preciosa inteligencia, cómo encajan sus palabras! Este idiota tiene plantado en la memoria un ejército de buenas palabras: y conozco muchos idiotas, en mejor posición, provistos como él y que vuelven del revés el asunto por una palabra ingeniosa. ¿Estás contenta, Yésica? Ahora, dulce amor, dime tu opinión: ¿qué te parece la mujer de Bassanio?

YÉSICA. Mejor de lo que cabe decir. Es muy conveniente que el señor Bassanio lleve una vida recta, pues, teniendo tal bendición en su dama, encuentra los goces del cielo aquí en la tierra; y si en la tierra no los merece, con razón no habría de llegar nunca al cielo. Si dos dioses hubieran de emprender una competición celestial y la puesta fueran dos mujeres de la tierra, y una de ellas fuera Porcia, habría que poner algo más de propina con la otra, pues este pobre mundo rudo no tiene su par.

LORENZO. Igual marido tienes en mí como ella es para esposa.

YÉSICA. Sí, pero pregúntame también mi opinión sobre eso.

LORENZO. En seguida lo haré; primero, vamos a comer.

YÉSICA. No, déjame elogiarte mientras tengo apetito.

LORENZO. No, por favor: que sirva de conversación de sobremesa: entonces digeriré lo que digas, sea lo que sea, con lo demás.

YÉSICA. Bueno, te lo serviré todo. *(Se van.)*

[20] Se juega con *cover*, «cubrir [la mesa]» y «cubrirse [con el sombrero]».

ACTO CUARTO

ESCENA PRIMERA

[Venecia. Audiencia de Justicia]

Entran el Dogo, los Senadores, Antonio, Bassanio, Graciano, Solanio y otros.

DOGO. ¿Qué, está aquí Antonio?

ANTONIO. Preparado, a las órdenes de Vuestra Serenísima.

DOGO. Lo siento por ti: vienes a responder a un adversario empedernido, un miserable inhumano incapaz de compasión, vacío y privado de cualquier toque de misericordia.

ANTONIO. He oído que Vuestra Alteza se ha tomado gran trabajo por evitar su cruel acción, pero, puesto que permanece inexorable, y no hay medios legales que me puedan poner fuera del alcance de su malignidad, enfrento mi paciencia a su furia, y estoy armado para sufrir con tranquilidad de espíritu su tiranía y su cólera.

DOGO. Que vaya alguno a llamar a la audiencia al judío.

SOLANIO. Está preparado a la puerta: ahí viene, señor.
Entra Shylock.

DOGO. Dejad sitio, y que se ponga ante nuestra vista. Shylock, el mundo piensa, y yo también lo pienso, que no haces más que llevar este papel de rencor hasta la última hora de su acción, y entonces se piensa que mostrarás misericordia y arrepentimiento más notables que tu extraña crueldad aparente; y mientras ahora exiges la indemnización, que es una libra de carne de este pobre mercader, no sólo querrás perder la indemnización sino que, tocado de amabilidad humana y cariño, perdonarás una parte del capital, lanzando una mirada de compasión a sus pérdidas, que se le acaban de amontonar recientemente a la espalda, y suficientes como para hundir a un mercader real y conseguir piedad para su situación en pechos de bronce y ásperos corazones de pedernal, en duros turcos y tártaros, jamás educados en las obligaciones de la tierna cortesía. Esperamos todos una respuesta amable, judío.

SHYLOCK. He informado a Vuestra Alteza de mis intenciones: y, por nuestro sagrado sábado, he jurado obtener lo que es mío, mi indemnización: si me lo negáis, caiga el peligro sobre vuestra constitución y los fueros de vuestra ciudad. Me preguntaréis por qué prefiero recibir un peso de carroña en vez de tres mil ducados: no responderé a ello: decid sólo que es mi antojo: ¿está respondido? ¿Y qué, si mi casa está inquietada por una rata y me place dar diez mil ducados por suprimirla? ¿Qué, tenéis ya respuesta? Hay hombres a quienes no les gusta ver un cochinillo con la boca abierta; algunos, que se ponen como locos si ven un gato; otros, cuando la gaita canta por la nariz, no pueden retener la orina; pues la emoción, dueña de la pasión, la sujeta a lo que le gusta o aborrece. Ahora, en cuanto a vuestra respuesta: igual que no se puede dar buena razón de por qué uno no puede consentir un cochinillo con la boca abierta; y el otro, un gato, inofensivo y necesario; y el otro, una lanuda gaita, sin que por fuerza hayan de ceder a tal vergüenza inevitable, ofendiendo al ser ofendidos, del mismo modo, no puedo dar razón, ni la daré, más que un odio que abrigo, cierto rencor que tengo contra Antonio para seguir así una acción contra él, con pérdida mía. ¿Estáis respondido?

BASSANIO. Hombre insensible, ésa no es respuesta que justifique el empuje de tu crueldad.

SHYLOCK. No estoy obligado a complacerte con mis respuestas.

BASSANIO. ¿Todos los hombres matan las cosas que no aman?

SHYLOCK. ¿Mata alguno la cosa que no quiere matar?

BASSANIO. No toda ofensa es odio desde el principio.

SHYLOCK. ¿Qué, querrías que una serpiente te mordiera dos veces?

ANTONIO. Por favor, piensa que discutes con el judío: sería igual si te pusieras en la playa a rogar al ancho mar que bajase de su nivel acostumbrado; sería igual si entraras en discusión con el lobo sobre por qué ha hecho balar a la oveja por su corderillo; sería igual si prohibieras a los pinos de la montaña que movieran las altas copas e hicieran ruido cuando les agitan las ráfagas del cielo: sería igual, si te pusieras a hacer la cosa más difícil, que tratar de ablandar a este su corazón de hebreo —¿y qué hay más duro que él?—: así que te ruego que no hagas más ofertas, y no uses otros medios, sino que, con toda brevedad y la sencillez conveniente, obtenga yo sentencia y el judío su deseo.

BASSANIO. Por tus tres mil ducados, aquí tienes seis mil.

SHYLOCK. Aunque cada ducado de los seis mil se partiera en seis, y cada parte fuera un ducado, no los aceptaría: querría lo comprometido.

DOGO. ¿Cómo has de esperar misericordia, si no la concedes?

SHYLOCK. ¿Qué juicio he de temer, si no hago nada malo? Tenéis entre vosotros muchos esclavos comprados, que, como vuestros asnos y perros y mulas, usáis en servicios abyectos y viles porque los comprasteis: ¿os voy a decir que los dejéis libres, que los caséis con vuestras herederas? ¿Por qué sudan ellos bajo sus cargas? ¡Que sus camas sean tan blandas como las vuestras y sus paladares disfruten iguales viandas! Me responderéis: «Esos esclavos son nuestros»: pues eso os respondo yo: la libra de carne que le exijo me ha costado muy cara: es mía, y quiero tenerla. Si me la negáis, ¡ay de vuestras leyes! Los decretos de Venecia ya no tendrían fuerza. Me presento al juicio: responded: ¿lo obtendré?

DOGO. Por mis poderes, puedo aplazar esta audiencia si no llega hoy aquí Belario, un sabio doctor a quien he enviado para que decida esto.

SOLANIO. Señor, ahí fuera está un mensajero con carta del doctor, recién llegado de Padua.

DOGO. Traedme la carta: llamad al mensajero.

BASSANIO. ¡Valor, Antonio! ¡Vamos, hombre, ánimo todavía! El judío tendrá mi carne, mi sangre, mis huesos, todo, antes que pierdas por mí una sola gota de sangre.

ANTONIO. Soy una oveja enferma en el rebaño, la más madura para la muerte: la fruta más débil es la que antes cae al suelo; así ha de ser conmigo: no puedes hacer cosa mejor, Bassanio, que seguir viviendo y escribir mi epitafio.

Entra Nerisa, vestida de escribiente de abogado.

DOGO. ¿Vienes de Padua, de Belario?

NERISA. Así es, señor. Belario saluda a Vuestra Alteza. *(Entrega una carta.)*

BASSANIO. ¿Para qué afilas tu cuchillo con tanto empeño?

SHYLOCK. Para cortar mi indemnización en ese quebrado.

GRACIANO. No en tu cuero, sino en tu cara[1], duro judío, habrías de afilar tu cuchillo; pero ningún metal, ni aun el hacha del verdugo, puede tener la mitad de filo que tu aguda malignidad. ¿No te pueden penetrar ruegos?

SHYLOCK. No, ninguno que sepa hacer tu ingenio.

GRACIANO. ¡Ah, condenado seas, inexorable perro! Sea acusada la justicia por dejarte vivir. Casi me haces vacilar en mi fe y admitir la opinión de Pitágoras de que las almas de los animales entran en cuerpos de hombres: tu espíritu cruel está gobernado por un lobo, que, ahorcado por matanza de hombres, exhaló desde la horca su alma feroz, que se infundió en ti mientras tú estabas dentro de tu impía madre; pues tus deseos son lobunos, sanguinarios, ávidos y crueles.

SHYLOCK. Hasta que puedas arrancar el sello a mi documento a fuerza de burlas, no haces sino dañarte los pulmones hablando tan fuerte: cuida tu ingenio, buen joven, o caerá en ruina incurable. Estoy aquí pidiendo justicia.

DOGO. Esta carta de Belario recomienda a nuestra Corte a un joven y sabio doctor. ¿Dónde está?

NERISA. Está aquí cerca esperando saber vuestra respuesta, si le admitís.

DOGO. De todo corazón. Tres o cuatro de vosotros id a

[1] Se juega, como tantas veces, con *sole*, «suela» y *soul*, «alma».

acompañarle cortésmente hasta este lugar. Mientras tanto, la sala oirá la carta de Belario[2]: «Vuestra Alteza ha de saber que al recibir vuestra carta estoy muy enfermo, pero en el momento en que llegó vuestro mensajero estaba conmigo, en afectuosa visita, un joven doctor de Roma, llamado Baltasar. Le di a conocer la causa en controversia entre el judío y Antonio el mercader: revolvimos juntos muchos libros: él marcha provisto de mi opinión, la cual, mejorada con su propia sabiduría, cuya grandeza no puedo encomiar bastante, va con él, por mi ruego, para cumplir en mi lugar el encargo de Vuestra Alteza. Os ruego que sus pocos años no sean impedimento para que obtenga una estimación respetuosa, pues nunca he conocido cuerpo tan joven con cabeza tan anciana. Le dejo a vuestra graciosa aceptación, cuya prueba dará mayor prestigio a su fama». Ya oís lo que escribe el sabio Belario: y aquí me parece que viene el doctor.

Entra Porcia, vestida de doctor en leyes.

Dadme la mano. ¿Venís de parte del anciano Belario?

PORCIA. Sí, señor.

DOGO. Bien venido: ocupad vuestro lugar. ¿Estáis informado del pleito que trae a la audiencia esta cuestión presente?

PORCIA. Estoy completamente informado de la causa. ¿Quién es aquí el mercader, y quién el judío?

DOGO. Antonio y Shylock, acercaos los dos.

PORCIA. ¿Os llamáis Shylock?

SHYLOCK. Shylock me llamo.

PORCIA. De extraña naturaleza es la pretensión que seguís, pero de tal forma que el derecho veneciano no os puede impugnar que la llevéis adelante. [*A Antonio.*] ¿Estáis a su merced, no es verdad?

ANTONIO. Sí, eso dice él.

PORCIA. ¿Reconocéis el compromiso?

ANTONIO. Lo reconozco.

PORCIA. Entonces el judío debe tener clemencia.

SHYLOCK. ¿Por qué obligación he de tenerla? Decidme.

PORCIA. La cualidad de la clemencia no se obliga: se desprende como la dulce lluvia del cielo sobre el lugar

[2] En alguna edición, la lectura la hace otra persona, un escribiente.

que haya debajo: así es doblemente bendita: bendice al que da y al que recibe: con más poder entre los más poderosos: le sienta al monarca entronizado mejor que la corona; su cetro muestra la fuerza del poder temporal, el atributo del respeto y la majestad en que se asienta el temor y la reverencia a los reyes: pero la clemencia está por encima de esa potestad con cetro: está entronizada en los corazones de los reyes; es un atributo del mismo Dios, y entonces, el poder terrenal se muestra más semejante al de Dios cuando la clemencia sazona la justicia. Así, pues, judío, aunque sea la justicia lo que pretendes, considera que en la aplicación de la justicia ninguno de nosotros obtendría salvación: rezamos pidiendo clemencia: y esa misma oración nos enseña a todos a cumplir hechos de clemencia. He dicho todo esto para mitigar lo justo de tu pretensión, pues, si la llevas adelante, este estricto tribunal veneciano deberá dictar sentencia por fuerza contra este mercader.

SHYLOCK. ¡Que mis hechos caigan sobre mi cabeza! Exijo la justicia, el castigo y la indemnización del compromiso.

PORCIA. ¿No puede pagar el dinero?

BASSANIO. Sí, aquí lo ofrezco yo por él al tribunal: más aún, el doble de la suma: si eso no basta, me comprometeré a pagar diez veces más, bajo fianza de mis manos, mi cabeza, mi corazón: si eso no basta, estará claro que el rencor aplasta a la verdad. Y os ruego que por una vez pleguéis la ley a vuestra autoridad: para hacer una gran justicia, haced una pequeña injusticia, y someted este cruel demonio de su voluntad.

PORCIA. No ha de ser así. No hay poder en Venecia que pueda alterar un decreto establecido: se anotaría como precedente, y, por ese mismo ejemplo, muchos abusos invadirían el Estado. No puede ser.

SHYLOCK. ¡Un Daniel ha venido al juicio! ¡Un Daniel[3]! ¡Ah, joven juez sabio, cuánto te venero!

PORCIA. Por favor, dejadme ver el documento.

SHYLOCK. Aquí está, muy respetable doctor, aquí está.

[3] Alusión a la historia bíblica de Daniel y los dos viejos acusadores de Susana, por él puestos en evidencia como calumniadores ante el tribunal.

PORCIA. Shylock, ahí se os ofrece el triple de vuestro dinero.

SHYLOCK. Un juramento, un juramento, tengo un juramento en el cielo: ¿voy a echar un perjurio sobre mi alma? No, ni por Venecia.

PORCIA. Bien, este compromiso ha vencido, y por él, el judío reclama legalmente una libra de carne, a ser cortada por él lo más cerca del corazón del mercader. Tened clemencia: tomad el triple del dinero y dejadme romper el documento.

SHYLOCK. Cuando esté pagado conforme a lo obligado. Parece que sois un digno juez: conocéis el derecho, y vuestra exposición ha sido muy sana: os requiero por la ley, de que sois digna columna a que concluyáis el juicio: juro por mi alma que no hay poder en lengua de hombre que me haga cambiar. Me atengo al documento.

ANTONIO. De todo corazón suplico a la sala que dé la sentencia.

PORCIA. Pues entonces, así es: debéis preparar el pecho para el cuchillo.

SHYLOCK. ¡Oh noble juez, oh excelente joven!

PORCIA. Pues la intención y sentido de la ley está de acuerdo con la penalidad que aparece debida aquí en el documento.

SHYLOCK. Es muy cierto. ¡Ah juez sabio y recto! ¡Cuánto más entrado en años que vuestro aspecto!

PORCIA. Así, pues, descubrid el pecho.

SHYLOCK. Eso es, el pecho: así dice el documento: «lo más cerca de su corazón»: ésas son las propias palabras.

PORCIA. Así es. ¿Hay aquí una balanza para pesar la carne?

SHYLOCK. La tengo preparada.

PORCIA. ¿Tenéis, Shylock, algún médico a vuestra costa para cerrar sus heridas, no sea que muera desangrado?

SHYLOCK. ¿Está así indicado en el documento?

PORCIA. No está indicado, pero ¿y qué? Sería bueno que lo hicierais por caridad.

SHYLOCK. No lo puedo encontrar: no está en el compromiso.

PORCIA. Mercader, ¿tenéis algo que decir?

ANTONIO. Poco: estoy armado y bien preparado. Dame la mano, Bassanio: ¡adiós! No te aflijas porque caiga en esto por ti; pues en esto, la Fortuna se muestra más benévola que de costumbre: su costumbre es dejar al hombre arruinado que sobreviva a su riqueza, para ver, con ojos hundidos y frente arrugada, una edad de miseria: de ese castigo lento me aparta ahora. Envía mis saludos a tu noble esposa, y cuéntale cómo fue el final de Antonio: di cómo te he querido, habla bien de mí después de muerto; y, cuando se acabe el cuento, di que juzgue si Bassanio no ha tenido ya quien le quiso. Tú lamenta sólo haber perdido un amigo que no se arrepiente de pagar tu deuda; pues, si el judío corta lo bastante hondo, la pagaré al momento con todo mi corazón.

BASSANIO. Antonio, estoy casado con una esposa a la que quiero tanto como a mi propia vida; pero la vida misma, mi esposa y el mundo entero, no los estimo por encima de tu vida: lo perdería todo, sí, lo sacrificaría todo a este diablo con tal de librarte.

PORCIA. Vuestra esposa os agradecería eso muy poco, si estuviera aquí cerca, al oíros hacer la oferta.

GRACIANO. Yo tengo una esposa a la que aseguro que quiero: pero querría que estuviera en el cielo para que pudiera rogar a alguna potencia celestial que cambiara a este cruel judío.

NERISA. Bueno es que lo ofrezcáis a espaldas de ella: si no, ese deseo agitaría vuestro hogar.

SHYLOCK [*aparte*]. ¡Ésos son los maridos cristianos! Una hija tengo: ¡ojalá hubiera sido su marido cualquiera de la raza de Barrabás[4] antes que un cristiano! Perdemos tiempo: por favor, cumplid la sentencia.

PORCIA. Una libra de la carne de este mercader es tuya: el tribunal lo concede, y la ley lo da.

SHYLOCK. ¡Justísimo juez!

PORCIA. Y habéis de cortar esa carne de junto al corazón: la ley lo permite, y el tribunal lo concede.

SHYLOCK. ¡Doctísimo juez! ¡Qué sentencia! ¡Vamos, preparaos!

PORCIA. Aguardad un poco: queda algo más. Este do-

[4] *Lucas*, 23, 18-19: pero quizá hay también una alusión a Barrabás, el «Judío de Malta» de Marlowe.

cumento no os concede aquí ni pizca de sangre: las palabras expresas son: «una libra de carne»: toma entonces lo debido, toma tu libra de carne, pero, al cortarla, si viertes una gota de sangre cristiana, tus tierras y bienes, por las leyes de Venecia, quedan confiscadas para el Estado de Venecia.

GRACIANO. ¡Ah justo juez! Fíjate, judío: ¡ah doctísimo juez!

SHYLOCK. ¿Es ésa la ley?

PORCIA. Tú mismo verás el documento; pues, si pides justicia, ten la seguridad de que obtendrás justicia, más de lo que deseas.

GRACIANO. ¡Ah docto juez! Fíjate, judío: ¡ah doctísimo juez!

SHYLOCK. Entonces acepto su oferta: pagad el triple de la suma, y dejad ir al cristiano.

BASSANIO. Aquí está el dinero.

PORCIA. ¡Alto! El judío ha de obtener toda la justicia: ¡alto!, sin prisa: no recibirá sino la penalidad.

GRACIANO. ¡Ah judío!, ¡un juez justo, un juez docto!

PORCIA. Así que prepárate a cortar la carne. No viertas sangre, ni cortes más ni menos sino una libra justa de carne: si tomas más o menos de una libra justa, aunque sea lo que la haga más ligera o más pesada en el peso o parte de la vigésima parte de un pobre grano; más aún, si la balanza se inclina en la diferencia de un pelo, mueres y todos tus bienes quedan confiscados.

GRACIANO. ¡Un segundo Daniel, un Daniel, judío! Vamos, infiel, ahora te tengo en el puño.

PORCIA. ¿Por qué se detiene el judío? Recibe la penalidad.

SHYLOCK. Dadme el capital y dejadme ir.

BASSANIO. Aquí te lo tengo preparado: aquí está.

PORCIA. Lo ha rehusado en plena audiencia: recibirá solamente justicia, su obligación.

GRACIANO. ¡Un Daniel, sigo diciendo yo, un segundo Daniel! Te agradezco, judío, que me hayas enseñado esta palabra.

SHYLOCK. ¿No puedo recibir solamente mi capital?

PORCIA. No recibirás más que la penalidad, tomada bajo tu riesgo, judío.

SHYLOCK. Bueno, ¡entonces que se lo haga aprovechar el diablo! No seguiré discutiendo más.

PORCIA. Espera, judío: la ley tiene todavía algo que te afecta. Está registrado en las leyes de Venecia que, si se demuestra contra alguno de fuera que atenta contra la vida de cualquier ciudadano por medios directos e indirectos, la persona contra la que conspire se incautará de la mitad de sus bienes, y la otra mitad irá a las arcas propias del Estado: y la vida del culpable queda a merced del Dogo solamente, contra todo otro voto. En esta situación estás, digo yo, pues resulta, por acción manifiesta, que, directa e indirectamente, has conspirado contra la propia vida del demandado, de modo que has incurrido en la culpa que antes he expuesto. Arrodíllate, pues, y pide clemencia al Dogo.

GRACIANO. Pídele que te dé permiso para ir a ahorcarte tú mismo: aunque, al ser confiscada tu riqueza por el Estado, no te ha quedado ni el valor de una cuerda: así que habrás de ser ahorcado por cuenta del Estado.

DOGO. Para que veas la diferencia de nuestro espíritu, te perdono la vida antes que lo pidas. En cuanto a la mitad de tu riqueza, es de Antonio; la otra mitad va a parar al Estado común, aunque la humildad podrá reducirlo a una multa.

PORCIA. Sí, en cuanto al Estado, no en cuanto a Antonio.

SHYLOCK. No, tomad también mi vida y todo: no lo perdonéis: me quitáis mi casa cuando me quitáis el apoyo que sostiene mi casa: me quitáis la vida cuando me quitáis los medios con que vivo.

PORCIA. ¿Qué clemencia le podéis dar, Antonio?

GRACIANO. Una cuerda gratis: nada más, ¡por Dios!

ANTONIO. Si place a mi señor el Dogo, y a toda la sala, indultarle la multa a cambio de una mitad de sus bienes, yo estoy dispuesto, si me deja a cargo de la otra mitad, a dársela a su muerte a ese caballero que hace poco le robó a su hija: a condición de dos cosas más, que, por este favor, se haga en seguida cristiano, y que anote la donación, aquí en el tribunal, de todo lo que posea a su muerte, a su hija y su hijo Lorenzo.

DOGO. Así lo hará, o, si no, revoco el indulto que acabo de conceder aquí.

PORCIA. ¿Estás contento, judío? ¿Qué dices?

SHYLOCK. Estoy contento.

PORCIA. Escribano, extended un documento de donación.

SHYLOCK. Os ruego que me permitáis marcharme de aquí: no estoy bien. Enviadme el documento y lo firmaré.

DOGO. Vete, pero hazlo.

GRACIANO. En tu bautizo tendrás dos padrinos: si yo hubiera sido juez, habrías tenido diez más para llevarte a la horca, no a la pila[5]. *(Se va Shylock.)*

DOGO. Señor, os invito a mi casa a comer.

PORCIA. Humildemente ruego a Vuestra Alteza que me excuse: esta noche me tengo que ir a Padua, y conviene que me marche en seguida.

DOGO. Lamento que no dispongáis de vuestro tiempo. Antonio, recompensad a este caballero, pues, a mi juicio, le sois deudor de mucho. *(Se van el Dogo, los Senadores y acompañamiento.)*

BASSANIO. Muy digno caballero, mi amigo y yo, gracias a vuestra sabiduría, nos hemos visto hoy libres de dolorosas penas; en recompensa de lo cual, los tres mil ducados debidos al judío, os los entregamos libremente por vuestra cortés molestia.

ANTONIO. Y además de eso, seguimos siendo deudores vuestros para siempre, en afecto y servicio.

PORCIA. Bien pagado queda el que queda bien satisfecho; y al libraros, quedo satisfecho, y por ello me considero bien pagado: mi ánimo no ha sido nunca mercenario. Os ruego que me reconozcáis cuando nos volvamos a encontrar: os deseo lo mejor, y con eso me despido.

BASSANIO. Querido señor, por fuerza debo seguir insistiendo; aceptad algún recuerdo nuestro, como tributo, no como paga: concededme dos cosas, os ruego: no negármelo y perdonármelo.

PORCIA. Tanto me insistís que he de ceder. Dadme vuestros guantes[6] y los llevaré en recuerdo vuestro; y, por vuestro afecto, me llevo este anillo vuestro. No echéis

[5] En Inglaterra se acostumbra a tener dos padrinos para el bautizo: con diez más, serían los doce jurados de un tribunal.

[6] En algunas ediciones se supone que la petición de los guantes es a Antonio: de todas maneras, Bassanio ha de quitarse los guantes para que se haga visible el anillo.

atrás la mano: no me llevo más; con vuestro afecto, no me neguéis esto.

BASSANIO. ¡Ay, buen señor! Es una baratija: no pasaré por la vergüenza de daros esto.

PORCIA. No quiero recibir otra cosa que esto: y ahora me parece que se me ha antojado de veras.

BASSANIO. Hay algo más aquí que su valor. Os daré el anillo más precioso de Venecia, buscándolo por proclama: pero éste, os ruego que me perdonéis.

PORCIA. Veo, señor, que sois generoso en las ofertas: primero me enseñasteis a pedir, y ahora me parece que me enseñáis cómo hay que contestar a un pedigüeño.

BASSANIO. Buen señor, este anillo me lo dio mi esposa: y cuando me lo puso me hizo jurar que nunca lo vendería ni lo daría ni lo perdería.

PORCIA. Esa excusa sirve a muchos hombres para ahorrarse los regalos. Si vuestra esposa no es una loca y sabe cuánto he merecido este anillo, no os tendrá enemistad eterna por dármelo. Bueno, quedaos en paz. *(Se van Porcia y Nerisa.)*

ANTONIO. Mi buen Bassanio, dale el anillo: que sus méritos y mi cariño pesen más que el mandato de vuestra esposa.

BASSANIO. Ve, Graciano, corre a alcanzarle: dale el anillo y llévale, si puedes, a casa de Antonio. ¡Fuera! Date prisa. *(Se va Graciano.)* Vamos, tú y yo nos iremos enseguida, y mañana temprano correremos a Belmonte. Vamos, Antonio. *(Se van.)*

ESCENA II

[Venecia. Una calle]

Entran Porcia y Nerisa, [*todavía disfrazadas*].

PORCIA. Pregunta por la casa del judío, dale este documento, y haz que lo firme. Nos iremos esta noche, y estaremos en casa un día antes que nuestros maridos: este documento le será bien venido a Lorenzo.
Entra Graciano.

GRACIANO. Ilustre señor, ya os he alcanzado. Mi señor Bassanio, pensándolo mejor, os ha enviado este anillo, y suplica vuestra compañía para comer.

PORCIA. Eso no puede ser: el anillo lo acepto con mucho agradecimiento: decídselo así, por favor, y además, enseñad a mi joven dónde está la casa del viejo Shylock.

GRACIANO. Así lo haré.

NERISA. Señor, querría hablaros. [*Aparte, a Porcia.*] Voy a ver si puedo llevarme el anillo de mi marido, que le hice jurar que conservaría siempre.

PORCIA. Sí podrás, te lo aseguro. Nos harán grandes juramentos de que dieron los anillos a unos hombres; pero nosotros les desafiaremos y les ganaremos jurando. ¡Ea, date prisa! Ya sabes dónde espero.

NERISA. Vamos, buen señor: ¿queréis mostrarme esa casa? *(Se van.)*

ACTO QUINTO

ESCENA PRIMERA

[Belmonte. Alameda que lleva a casa de Porcia]

Entran Lorenzo y Yésica.

LORENZO. La luna brilla clara: en una noche así, cuando el dulce viento besaba suavemente los árboles sin que hicieran ruido, en una noche así, imagino, Troilo subió a las murallas de Troya y envió su alma en suspiros hacia las tiendas griegas, donde esa noche dormía Crésida[7].

YÉSICA. En una noche así, Tisbe pisó con miedo el rocío, y vio la sombra del león antes de verle, y huyó consternada[8].

LORENZO. En una noche así, Dido se quedó, con una rama de sauce en la mano, en las desiertas dunas de la orilla, haciendo señales a su amor de que volviera a Cartago.

YÉSICA. En una noche así, Medea recogió las hierbas encantadas que remozaron al viejo Esón[9].

LORENZO. En una noche así, Yésica se escapó del rico judío, y con un pródigo amor escapó de Venecia a Belmonte.

YÉSICA. En una noche así, el joven Lorenzo juró que la quería, robándole el alma con muchos juramentos de fidelidad, ninguno de ellos sincero.

[7] Este tema es desarrollado por Shakespeare en su tragedia *Troilo y Cresida.*

[8] Como versión burlesca de la leyenda de Píramo y Tisbe, recuérdese el final de *Sueño de una noche de verano.*

[9] El padre de Jasón, a quien Medea volvió a la juventud.

LORENZO. En una noche así, la linda Yésica, como una pequeña furia, calumnió a su amante, y él se lo perdonó.

YÉSICA. Te ganaría a fuerza de noches, si no viniera nadie: pero escucha: oigo los pasos de un hombre.

Entra Estéfano.

LORENZO. ¿Quién viene tan de prisa en el silencio de la noche?

ESTÉFANO. Un amigo.

LORENZO. ¡Un amigo! ¿Qué amigo? ¡Por favor, tu nombre, amigo!

ESTÉFANO. Me llamo Estéfano, y traigo recado de que mi señora estará aquí en Belmonte antes de romper el día: se viene entreteniendo por las santas cruces, donde se arrodilla a rezar por felices horas matrimoniales.

LORENZO. ¿Quién viene con ella?

ESTÉFANO. Nadie más que un santo ermitaño y su doncella[10]. Por favor, ¿ha vuelto mi amo?

LORENZO. No, ni hemos sabido de él. Pero, por favor, entremos, Yésica, y preparemos ceremoniosamente alguna bienvenida para la señora de la casa.

Entra Lanzarote.

LANZAROTE. ¡Tararááá! ¡Eh, oh, ahí va! ¡Tararááá[11]!

LORENZO. ¿Quién llama?

LANZAROTE. ¡Tararááá! ¿Habéis visto al señor Lorenzo y a la señora Lorenzo? ¡Tararááá!

LORENZO. ¡Basta de trompeteos, hombre! ¡Aquí estamos!

LANZAROTE. ¡Tararááá! ¿Dónde, dónde?

LORENZO. ¡Aquí!

LANZAROTE. Decidle que llega un correo de parte de mi amo, con el cuerno lleno de buenas noticias: mi amo estará aquí por la mañana. *(Se va.)*

LORENZO. Alma mía, vamos dentro, y esperemos allí su llegada. Pero, no importa; ¿para qué vamos a entrar? Amigo Estéfano, por favor, anuncia dentro, en casa, que vuestra señora está cerca; y haced salir a vuestros músicos aquí al aire. *(Se va Estéfano.)* ¡Con qué dulzura duerme la luz de la luna en ese macizo! Nos sentaremos aquí y que los sones de la música se deslicen

[10] Lo del «santo ermitaño» es para hacer más verosímil la afirmación de que Porcia había ido a pasar esos días en un convento.
[11] Lanzarote imita la trompa de un correo o postillón.

en nuestros oídos: la blanda calma y la noche se hacen notas de una dulce armonía. Siéntate, Yésica. Mira cómo el firmamento del cielo está densamente tachonado de patenas de oro claro: hasta en la más pequeña esfera que observes hay un ángel que canta en su movimiento, haciendo coro siempre a los querubines de ojos niños. Tal armonía hay en las almas inmortales; pero mientras esta fangosa vestimenta de corrupción siga groseramente cerrada, no podemos oírla.

Entran los Músicos.

¡Vamos, venid! Despertad a Diana con un himno[12]: con los toques más dulces, penetrad en el oído de vuestra señora, y atraedla al hogar con la música. *(Música.)*

YÉSICA. Nunca estoy alegre cuando oigo música.

LORENZO. La causa es que tu espíritu está atento: pero observa sólo una manada salvaje y retozante, o un grupo de potros jóvenes y sin domar, dando locos saltos, aullando y relinchando, conforme a la naturaleza caliente de su sangre: si por casualidad oyen sonar una trompeta o si un aire de música toca sus oídos, notarás que se detienen a la vez, y sus ojos salvajes se reducen a una mirada humilde por el dulce poder de la música: por eso el poeta fingió que Orfeo movía árboles, piedras y ríos: puesto que no hay nada tan terco, duro y lleno de cólera que la música no lo cambie de naturaleza por algún tiempo. El hombre que no tiene música en sí mismo y no se mueve por la concordia de dulces sonidos, está inclinado a traiciones, estratagemas y robos; las emociones de su espíritu son oscuras como la noche, y sus afectos, tan sombríos como el Erebo: no hay que fiarse de tal hombre. Atiende a la música.

Entran Porcia y Nerisa.

PORCIA. Esa luz que vemos arder es mi sala. ¡Qué lejos lanza sus fulgores esa pequeña candela! Así brilla una buena acción en un mundo vano.

NERISA. Cuando brillaba la luna, no veíamos la candela.

PORCIA. Así la gloria mayor ofusca a la menor: un sustituto brilla tanto como un rey hasta que llega el rey

[12] Diana, también la luna.

y entonces su rango se anula, como un arroyo que afluye de la tierra al mar. ¡Música! ¡Oye!

NERISA. Es vuestra música, señora, la de la casa.

PORCIA. Nada es bueno, ya veo, si no se lo mira bien: me parece que suena mucho mejor que de día.

NERISA. El silencio le confiere esa virtud, señora.

PORCIA. El cuervo canta tan dulcemente como la alondra cuando no se les escucha a ninguno, y creo que el ruiseñor, si cantara de día, cuando grazna cualquier ganso, no parecería mejor músico que el reyezuelo. ¡Cuántas cosas se sazonan por la sazón para alcanzar su justa alabanza y perfección auténtica! ¡Eh, silencio! La luna duerme con Endimión y no quiere que la despierten[13].

Cesa la música.

LORENZO. O mucho me engaño, o es la voz de Porcia.

PORCIA. Me conoce como el ciego conoce al cuco: por la mala voz.

LORENZO. Querida señora, bien venida a casa.

PORCIA. Hemos estado rezando por la felicidad de nuestros maridos, que esperamos que tengan más suerte por nuestras palabras. ¿Han vuelto?

LORENZO. Todavía no, señora, pero ha venido un mensajero por delante para anunciar su llegada.

PORCIA. Entra, Nerisa: da orden a mis criados de que no digan nada de que hemos estado ausentes de aquí: ni vosotros, Lorenzo y Yésica.

Suena una trompeta.

LORENZO. Vuestro marido está cerca: oigo su trompeta. No somos soplones, señora: no temáis.

PORCIA. Esta noche me parece que es el día enfermo: parece un poco más pálido: es un día tal como el día cuando el sol se esconde.

Entran Bassanio, Antonio, Graciano y sus criados.

BASSANIO. Tendríamos día a la vez que los antípodas si quisierais pasear en ausencia del sol[14].

PORCIA. Iría con ligereza, pero sin ser ligera[15]; porque una mujer ligera da mucho peso al marido; y nunca

[13] Se alude a la leyenda de Endimión, el pastor amado por la luna.

[14] Es decir: «Daríais luz a la oscuridad».

[15] Una vez más, se juega con *light*, «luz» y «ligera».

ha de pasarle eso a Bassanio conmigo. Pero ¡sea lo que Dios quiera! Sois bien venido a casa, mi señor.

BASSANIO. Os doy gracias, señora. Dad la bienvenida a mi amigo: éste es el hombre, éste es Antonio, a quien estoy tan infinitamente obligado.

PORCIA. En todos los sentidos deberías estarle obligado, pues, según he oído decir, se obligó a mucho por ti.

ANTONIO. A nada de que no haya quedado libre.

PORCIA. Señor, nuestra mejor bienvenida a nuestra casa: esto ha de verse de otro modo que en palabras; así que abrevio esta palabrera cortesía.

GRACIANO [*a Nerisa*]. Por esa luna, te juro que me agravias. A fe, se lo di al escribiente del juez: ojalá castraran al que lo recibió, por mi parte, puesto que lo tomas tan a mal, corazón.

PORCIA. ¡Eh! ¿Una riña ya? ¿Qué es lo que ocurre?

GRACIANO. Es por un aro de oro, un mísero anillo que me dio, con una inscripción que parecía en todo como esos versos de cuchillero en una hoja: «Ámame y no me dejes».

NERISA. ¿Qué hablas tú de la inscripción y del valor? Cuando te lo di, me juraste que yacería contigo en tu tumba: aunque no fuera por mí, siquiera por tus juramentos vehementes, debías haber sido respetuoso y conservarlo. ¡Dárselo al escribiente de un juez! No, bien sabe Dios que ese escribiente que lo recibió nunca llevará pelo en la cara.

GRACIANO. Sí que llevará, si vive hasta ser hombre.

NERISA. Eso, si una mujer vive hasta ser hombre.

GRACIANO. Vamos, por esta mano, se lo di a un joven, una especie de muchacho, un muchachito enclenque, no más alto que tú, el escribiente del juez, un muchacho charlatán que lo pidió como paga: por todo mi corazón no se lo pude negar.

PORCIA. Para hablaros con franqueza, habría que censuraros por separaros tan a la ligera del primer regalo de vuestra mujer: una cosa metida en vuestro dedo con juramentos, y remachada con fidelidad en vuestra carne. Yo di un anillo a mi amor y le hice jurar que nunca se separaría de él; y ahí le tenéis: me atrevo a jurar por él que no lo dejaría ni se lo quitaría del dedo por toda la riqueza de que es dueño el mundo. A fe, Graciano, das a tu mujer un motivo de dolor demasiado doloroso: si fuera yo, me volvería loca.

BASSANIO [*aparte*]. Vaya, más me valdría cortarme la mano izquierda y jurar que perdí el anillo defendiéndolo.

GRACIANO. Mi señor Bassanio dio su anillo al juez que se lo pidió, y desde luego, también lo mereció; y luego el muchacho, su escribiente, que se tomó mucho trabajo escribiendo, me pidió el mío: y ni el amo ni el criado quisieron aceptar otra cosa sino los dos anillos.

PORCIA. ¿Qué anillo diste, mi señor? Espero que no el que recibiste de mí.

BASSANIO. Si pudiera añadir una mentira a una falta, lo negaría, pero ya ves que mi dedo no tiene el anillo: se ha marchado.

PORCIA. Igual de vacío de verdad está tu corazón. Por los cielos, que no entraré en tu cama mientras no vea el anillo.

NERISA. Ni yo en la tuya mientras no vuelva a ver el mío.

BASSANIO. Dulce Porcia, si supieras a quién di el anillo, si supieras por quién di el anillo, y te imaginaras por qué di el anillo, y de qué mala gana dejé el anillo cuando no se aceptaba nada más que el anillo, menguarías la fuerza de tu disgusto.

PORCIA. Si hubieras conocido la virtud del anillo, la mitad de la dignidad de quien te dio el anillo, y tu propio honor para conservar el anillo, no te habrías separado del anillo. ¿Qué hombre hay tan poco razonable que, si hubieras alegado por defenderlo con términos celosos, le faltara la modestia para empeñarse en una cosa considerada como algo sagrado? Nerisa me señala qué he de creer: que me muera, si no recibió el anillo una mujer.

BASSANIO. No, por mi honor, señora, por mi alma; ninguna mujer lo recibió, sino un doctor en leyes que me rehusó tres mil ducados y me pidió el anillo: y yo se lo negué y le dejé marcharse disgustado, a pesar de que había salvado la vida a mi gran amigo. ¿Qué iba a decir yo, dulce señora? Me vi obligado a mandar a buscarle; estaba abrumado de vergüenza y cortesía; mi honor no podía consentir que lo manchase la ingratitud. Perdóname, amada señora, pues, por estas benditas lumbreras de la noche, que si hubieras estado allí, creo que me habrías pedido el anillo para dárselo al digno doctor.

PORCIA. Que no se acerque a mi casa ese doctor. Puesto que él tiene la joya que yo quería tanto, y que juraste conservar por mí, yo me haré tan generosa como tú; no le negaré nada de lo que tengo; no, ni mi cuerpo, ni el lecho de mi marido. Le conoceré, estoy bien segura: no duermas una noche fuera de casa: vigílame como Argos; si no, si me quedo sola, entonces, por mi honor, que todavía es mío, tendré a ese doctor por compañero de cama.

NERISA. Y yo a su escribiente: así que fíjate bien cómo me dejas a mi propio cuidado.

GRACIANO. Bien, hazlo así: que no le sorprenda yo entonces, porque le estropearía la pluma a ese joven escribiente.

ANTONIO. Yo soy el desgraciado causante de estas querellas.

PORCIA. No os aflijáis, señor: sois bien venido, sin embargo.

BASSANIO. Porcia, perdóname esta ofensa obligada: y, ahora que me oyen tantos amigos, te juro, aun por tus mismos bellos ojos, donde me veo...

PORCIA. ¡Cuidado con eso! En mis dos ojos, se ve doble: uno en cada ojo: jura por tu doble persona y será juramento de crédito.

BASSANIO. No, pero escúchame: perdóname esta falta, y por mi alma te juro que nunca volveré a quebrantarte un juramento.

ANTONIO. Una vez presté mi cuerpo por su riqueza, y, de no ser por el que recibió el anillo de vuestro marido, lo habría perdido entero: me atrevo a hacer de fiador otra vez, con mi alma en el compromiso, de que vuestro señor no volverá a quebrantar más su fe a sabiendas.

PORCIA. Entonces seréis su fianza. Dadle éste, y decidle que lo conserve mejor que el otro.

ANTONIO. Vamos, Bassanio: jura conservar este anillo.

BASSANIO. ¡Por los cielos! Es el mismo que di al doctor.

PORCIA. Lo recibí de él: perdóname, Bassanio, pues, por este anillo, el doctor ha dormido conmigo esta noche.

NERISA. Y perdóname, mi buen Graciano, pues ese mismo muchacho enclenque, el escribiente del doctor, a cambio de este anillo, ha dormido esta noche conmigo.

GRACIANO. ¡Vaya, esto es como arreglar los caminos en verano, cuando los caminos están buenos! ¡Qué! ¿somos cornudos antes de haberlo merecido?

PORCIA. No digáis groserías. Estáis todos desconcertados: aquí tenéis una carta: leedla con tranquilidad: viene de Padua, de Belario: en ella veréis que Porcia era el doctor, y Nerisa su escribiente: Lorenzo, que está aquí, dará testimonio de que nos marchamos tan pronto como vosotros y acabamos ahora de volver. Todavía no he entrado en mi casa. Antonio, sois bien venido; y os tengo preparadas mejores noticias de lo que esperáis: abrid pronto esta carta: en ella encontraréis que tres de vuestras galeras han llegado inesperadamente a puerto con riquezas. No sabréis por qué extraña casualidad encontré por azar esta carta.

ANTONIO. Estoy mudo.

BASSANIO. ¿Eras el doctor y no te conocí?

GRACIANO. ¿Eras tú el escribiente que me va a poner los cuernos?

NERISA. Sí, pero el escribiente que nunca piensa hacerlo hasta que viva para ser hombre.

BASSANIO. Dulce doctor, seréis mi compañero de cama; cuando yo esté ausente, dormid con mi mujer.

ANTONIO. Dulce dama, me habéis dado vida y medios de vida, pues aquí leo como seguro que mis barcos han llegado a puerto salvos.

PORCIA. ¡A ver, Lorenzo! Mi escribiente tiene algo bueno para ti.

NERISA. Sí, y se lo daré sin paga. Aquí os doy, a vos y a Yésica, de parte del rico judío, un documento especial de donación, después de su muerte, de todo lo que posea al morir.

LORENZO. Bellas señoras, vertéis maná en el camino de quien se moría de hambre.

PORCIA. Es casi de mañana, y sin embargo, estoy segura de que no estáis completamente satisfechos de estos acontecimientos. Entremos: y sometednos a interrogatorio, y contestaremos fielmente a todas las cosas.

GRACIANO. Sea así: el primer interrogatorio para el que

tomaremos juramento a mi Nerisa es que diga si prefiere esperar a la otra noche, o acostarse, faltando dos horas para el día: pero aunque viniera el día, preferiría que estuviera oscuro para poderme acostar con el escribiente del doctor. Bueno, mientras viva no tendré tanto miedo por nada como por conservar a salvo el anillo de Nerisa. *(Se van.)*

CLÁSICOS UNIVERSALES PLANETA

1. DON QUIJOTE DE LA MANCHA, Miguel de Cervantes.
   Edición, introducción y notas de Martín de Riquer, de la Real Academia Española.

2. HAMLET. MACBETH, William Shakespeare.
   Introducción, traducción y notas de José María Valverde, catedrático de la Universidad de Barcelona.

3. EUGÉNIE GRANDET, Honoré de Balzac.
   Introducción de Gabriel Oliver, catedrático de la Universidad de Barcelona. Traducción de Luis Romero.

4. ODISEA, Homero.
   Introducción y notas de José Alsina, catedrático de la Universidad de Barcelona. Traslación en verso de Fernando Gutiérrez.

5. ROJO Y NEGRO, Stendhal.
   Introducción de Carlos Pujol, doctor en Filosofía y Letras. Traducción y notas de Carlos Pujol y Tania de Bermúdez-Cañete.

6. LAZARILLO DE TORMES, Anónimo.
   Edición, introducción y notas de Francisco Rico, catedrático de la Universidad Autónoma de Barcelona.

7. ALMAS MUERTAS, Gógol.
   Introducción de José María Valverde, catedrático de la Universidad de Barcelona. Traducción de José Laín Entralgo.

8. FAUSTO, Goethe.
   Introducción de Francisca Palau Ribes, profesora de la Universidad de Barcelona. Traducción y notas de José María Valverde, catedrático de la Universidad de Barcelona.

9. LOS DOCUMENTOS PÓSTUMOS DEL CLUB PICKWICK, Dickens (I).

Introducción de Doireann MacDermott, catedrática de la Universidad de Barcelona. Traducción y notas de José María Valverde, catedrático de la Universidad de Barcelona.

10. LOS DOCUMENTOS PÓSTUMOS DEL CLUB PICKWICK, Dickens (II).

11. ILÍADA, Homero.

Introducción y notas de José Alsina, catedrático de la Universidad de Barcelona. Traslación en verso de Fernando Gutiérrez.

12. EL REY LEAR. OTHELLO, EL MORO DE VENECIA, William Shakespeare.

Introducción, traducción y notas de José María Valverde, catedrático de la Universidad de Barcelona.

13. LA CELESTINA, Fernando de Rojas.

Introducción de Juan Alcina, catedrático de Lengua y Literatura de I. N. B. Edición y notas de Humberto López Morales, catedrático de la Universidad de Riopiedras, Puerto Rico.

14. POESÍAS, Fray Luis de León.

Edición, introducción y notas del Padre Ángel Custodio Vega, O. S. A.

15. EL PRIMO PONS, Honoré de Balzac.

Introducción de Gabriel Oliver, catedrático de la Universidad de Barcelona. Traducción de Carlos Pujol, doctor en Filosofía y Letras.

16. ROBINSÓN CRUSOE, Daniel Defoe.

Introducción de Aránzazu Usandizaga, profesor agregado de la Universidad de Barcelona. Traducción de Carlos Pujol, doctor en Filosofía y Letras.

17. UN SUEÑO DE LA NOCHE DE SAN JUAN. LAS ALEGRES CASADAS DE WINDSOR, William Shakespeare.

Introducción, traducción y notas de José María Valverde, catedrático de la Universidad de Barcelona.

18. LA CARTUJA DE PARMA, Stendhal.

Introducción de Carlos Pujol, doctor en Filosofía y Letras. Traducción y notas de Carlos Pujol y Tania de Bermúdez-Cañete.

19. LA GAVIOTA. EL JARDÍN DE LOS CEREZOS, Antón Pávlovich Chéjov.

Introducción de Enrique Llovet. Traducción y notas de Augusto Vidal.

20. FUENTE OVEJUNA, Lope de Vega.

Edición, introducción y notas de Maria Grazia Profeti, catedrática de Literatura Española de la Universidad de Padua.

21. ARTÍCULOS, Mariano José de Larra.

Edición, introducción y notas de Carlos Seco Serrano, catedrático de la Universidad de Madrid.

22. POESÍA ORIGINAL COMPLETA, Quevedo.

Edición, introducción y notas de José Manuel Blecua, catedrático de Literatura Española de la Universidad de Barcelona.

23. VIDA DE RANCÉ, Chateaubriand.

Introducción, traducción y notas de Carlos Pujol, doctor en Filosofía y Letras.

24. WERTHER, Goethe.

Introducción de Feliciano Pérez Varas, catedrático de la Universidad de Salamanca. Traducción y notas de José María Valverde, catedrático de la Universidad de Barcelona.

25. MOLL FLANDERS, Daniel Defoe.

Introducción, traducción y notas de Carlos Pujol, doctor en Filosofía y Letras.

26. ROMEO Y JULIETA. JULIO CÉSAR, William Shakespeare.

Introducción, traducción y notas de José María Valverde, catedrático de la Universidad de Barcelona.

27. PRIMEROS RELATOS, Antón Pávlovich Chéjov.

Introducción de José María Valverde, catedrático de la Universidad de Barcelona. Traducción y notas de Augusto Vidal.

28. LA VIDA ES SUEÑO, Calderón de la Barca.
Edición, introducción y notas de José María Valverde, catedrático de la Universidad de Barcelona.

29. EL PRIMO BASILIO, Eça de Queirós.
Introducción de Basilio Losada, agregado de Lengua y Literatura portuguesas de la Universidad de Barcelona. Traducción de Rafael Morales.

30. DON JUAN O EL FESTÍN DE PIEDRA/TARTUFO O EL IMPOSTOR, Molière.
Introducción de Alain Verjat, agregado de Lengua y Literatura francesas de la Universidad de Bellaterra. Traducción de José Escué, catedrático de Instituto.

31. EL ALCALDE DE ZALAMEA, Calderón de la Barca.
Edición, introducción y notas de Domingo Yndurain, profesor de Literatura Española de la Universidad Complutense de Madrid.

32. MADAME BOVARY, Gustave Flaubert.
Introducción y traducción de Joan Sales.

33. LA DOMA DE LA FURIA. EL MERCADER DE VENECIA, William Shakespeare.
Introducción, traducción y notas de José María Valverde, catedrático de la Universidad de Barcelona.

34. NOVELAS Y CUENTOS, Voltaire.
Introducción, traducción y notas de Carlos Pujol, doctor en Filosofía y Letras.

Colección Narrativa

Obras publicadas

1/Carlo Coccioli
DAVID
El rey David, en su vejez y en los cálidos brazos de una doncella, hace balance de su vida ante el único testigo que importa: Dios.

2/Jorge Semprún
LA SEGUNDA MUERTE DE RAMÓN MERCADER
La novela de un espía que lleva el mismo nombre del asesino de Trotski.

3/Ernest Hemingway
EL VIEJO Y EL MAR
«El hombre no está hecho para la derrota. Un hombre puede ser destruido, pero no derrotado.»

4/Dionisio Ridruejo
LOS CUADERNOS DE RUSIA
El diario de Dionisio Ridruejo en la División Azul, experiencia decisiva en su trayectoria política y humana. Un pedazo de historia que pertenece a la gran literatura.

5/Ernest Hemingway
POR QUIÉN DOBLAN LAS CAMPANAS
La más célebre de todas las novelas de la guerra civil española.

6/Henry James
LOS PAPELES DE ASPERN
Un gran escritor ante uno de sus grandes temas: los escritores.

7/Ernest Hemingway
ISLAS A LA DERIVA
Hemingway, vital, amargo y nostálgico, en la plenitud de sus dotes creadoras.

8/Isaac Bashevis Singer
UN AMIGO DE KAFKA
El mundo judío, entre la tradición inmóvil y la vida moderna, por su mejor intérprete, fiel, irónico y emocionado.

9/Hermann Hesse
EL ÚLTIMO VERANO DE KLINGSOR
El valor más actual y permanente de la literatura contemporánea.

10/E. M. Forster
MAURICE
Una novela sincera, inteligente y sutil sobre la homosexualidad.

11/Gilbert K. Chesterton
EL HOMBRE QUE FUE JUEVES
Chesterton, el rey de la paradoja, en su mejor relato de humor y fantasía poética.

12/Jorge Luis Borges
FICCIONES
Borges, secreto y prodigioso, en su libro más inteligente y turbador.

13/Alfonso Grosso
FLORIDO MAYO
La mejor novela barroca de Alfonso Grosso.

14/Jorge Semprún
EL DESVANECIMIENTO
La Resistencia, los campos de concentración nazis, la lucha clandestina en España: los grandes temas de Semprún en una de sus mejores novelas.

15/Antonio Ferres
EL GRAN GOZO
La relacion adúltera entre un hombre maduro y una muchacha, empujados irremisiblemente a un pacto suicida, en un ambicioso intento de «novela antropológica y social».

16/Luigi Pirandello
EL DIFUNTO MATÍAS PASCAL
Las inquietantes obsesiones de Pirandello que le hicieron famoso en el teatro, plasmadas en una brillante novela de humor y tragedia íntima.

17/Yukio Mishima
CONFESIONES DE UNA MÁSCARA
Un adolescente japonés descubre sus inclinaciones homosexuales; uno de los mejores y más lúcidos análisis sicológicos sobre el tema.

18/Manuel Mujica Láinez
EL GRAN TEATRO
En el Colón de Buenos Aires, mientras se representa «Parsifal», un apasionante mosaico de vidas vincula al público entre sí y con el drama musical al que están asistiendo.

19/Mark Twain
LAS AVENTURAS DE HUCKLEBERRY FINN
El gran clásico de la novela norteamericana, según Hemingway «nuestro mejor libro», modelo y fuente de inspiración de toda la narrativa contemporánea de los Estados Unidos.

20/Frederic Prokosh
EL MANUSCRITO DE MISSOLONGHI
La trepidante vida de lord Byron contada por sí mismo; amores, aventuras, humor, poesía, en un retrato lleno de brío y de verdad humana.

21/Hermann Hesse
RASTRO DE UN SUEÑO
El mundo apasionado y apasionante de Hesse en unos extraordinarios fragmentos de prosa poética.

22/Gonzalo Torrente Ballester
LAS SOMBRAS RECOBRADAS
Juegos o divertimentos elaborados con materiales literarios y ráfagas relampagueantes de realidad.

23/Carmen Conde
CRECIÓ ESPESA LA YERBA...
Una mujer revive su pasado y éste acude a su memoria desdoblándola en su madurez presente y su juventud perdida.

24/José Luis de Vilallonga
LAS GANGRENAS DEL HONOR
Entre la novela y la crónica histórica, la sublevación de Jaca y la caída de la Monarquía en la pluma de un extraordinario narrador.

25/Joseph Conrad
EL NEGRO DEL «NARCISSUS» y TIFÓN
Dos clásicos inolvidables sobre el mar, su misterio y su aventura.

26/Jules Barbey d'Aurevilly
LAS DIABÓLICAS
Barbey en sus cuentos eróticos, inquietantes y feroces.

27/Rafaël Pividal
ESTE O ESTE
Entre Voltaire, Julio Verne y Borges, Pividal, una gran revelación de la narrativa francesa.

28/François Mauriac
EL CORDERO
El arte novelesco de Mauriac en su momento de mayor madurez.

29/Henry James
LA PRINCESA CASAMASSIMA
La más profunda y ambiciosa de las novelas del «período social» de Henry James.

30/Baltasar Porcel
LAS MANZANAS DE ORO
Novela de un dinamismo solar e inquietante, en la que un estilo afilado y exuberante crea un mundo de exaltación sexual, de poesía y de violencia.

31/Alain-Fournier
EL GRAN MEAULNES
Una misteriosa aventura en los límites del sueño y la realidad.

32/Gonzalo Suárez
GORILA EN HOLLYWOOD
«Los libros de Suárez me hacen vivir más, profundamente, ensanchando algo así como la conciencia del conocimiento» (Vicente Aleixandre).

33/Juan Rulfo
PEDRO PÁRAMO y EL LLANO EN LLAMAS
Profundamente enraizada en lo popular, la narrativa de Juan Rulfo describe con conmovedora fuerza la cotidiana realidad de un mundo a la vez violento y lírico.

34/Friedrich Dürrenmatt
EL JUEZ Y SU VERDUGO
Un relato policíaco que da pie a un retrato caricaturesco y despiadado de la sociedad contemporánea.

35/Julien Green
EL MALHECHOR
Una atmósfera agobiante hecha de secretos inconfesables y de crueldad sofocada.

36/Antonio Ferres
CON LAS MANOS VACÍAS
La mejor versión novelada del famoso y controvertido «crimen de Cuenca».

37/D. H. Lawrence
EL AMANTE DE LADY CHATTERLEY
La novela más famosa de Lawrence, prohibida hasta hace poco en todo el mundo.

38/D. H. Lawrence
MUJERES ENAMORADAS
«La mejor de todas mis novelas» (D. H. Lawrence).

39/Manuel Mujica Láinez
BOMARZO
El pasado, hecho drama y belleza, resucita en la gran novela histórica de este siglo.

40/Manuel Mujica Láinez
EL UNICORNIO
Una sugestiva leyenda medieval recreada poéticamente por el gran escritor argentino.

41/Luys Santa Marina
TRAS EL ÁGUILA DEL CÉSAR
Estampas de la vida de la Legión en la época de Annual, una extraordinaria recreación imaginativa que pertenece por derecho propio a la gran literatura.

42/Ramón Ayerra
LOS TERRORISTAS
Una visión ácida y esperpéntica de la España actual.

43/Henry James
LA COPA DORADA
La última novela larga de James, el más hondo y dramático de sus libros.

44/Eugenio d'Ors
SIJÉ
Una extraña narración —inédita hasta ahora— sobre una mujer que fue una Voz antes de ser un Cuerpo.

45/Fulco Pratesi
LOS ZANCUDOS DE LA GRAN LAGUNA
La odisea de unas bellísimas aves migratorias que después de cien años de ausencia retornan a la Gran Laguna.

46/Julien Green
LEVIATÁN
Un relato negro y vertiginoso, como de pesadilla, presidido por la fascinación del Mal.

47/Eugenio d'Ors
GUALBA LA DE MIL VOCES
El espíritu del mal duerme bajo el verdor musical de Gualba, junto al Montseny.

48/Miguel Delibes
LOS SANTOS INOCENTES
Los humillados y ofendidos de la vida campesina, por el gran escritor de la Castilla actual.

49/Jorge Semprún
AQUEL DOMINGO
El recuerdo de aquel domingo contiene toda nuestra historia y una doble supervivencia: la de los campos de concentración nazis y la de la ideología estalinista.

50/Carlos Pujol
LA SOMBRA DEL TIEMPO
Roma y la Revolución francesa, una encrucijada de vidas paradójicas en la ciudad cabeza del mundo, eterna y frágil.

51/Juan Perucho
LAS AVENTURAS DEL CABALLERO KOSMAS
Una deliciosa novela, una sorprendente combinación de fantasía y humor.

52/Teresa Pàmies
MEMORIA DE LOS MUERTOS
Una reflexión lúcida, serena y realista sobre las dramáticas vivencias de una generación.

53/Julien Green
MONT-CINÈRE
Todo el misterio del mundo interior en la primera obra del mejor novelista francés actual.

54/Eugenio d'Ors
LA BIEN PLANTADA
Serena y resplandeciente, «La Bien Plantada» nos asoma al Mare Nostrum de una Cataluña que renace.

55/Andrés Bosch
EL RECUERDO DE HOY
Un escándalo que la misma sociedad encubre para protegerse a sí misma.

56/Rafael García Serrano
EUGENIO O PROCLAMACIÓN DE LA PRIMAVERA
La primavera del 36, un pequeño clásico de la juventud heroica.